讀論語 做自己

邁向幸福
人生20講

曹行 著

目錄

第二部　儒家文化

第三部　儒家哲學

第四部　周易・道家・佛學

第五部　典範人物

善用老祖宗的寶貴資產開創更有價值的人生

——施振榮

中華文化淵遠流長幾千年，其中最具代表性的就是儒家文化。在台灣，大多數人從小接受的就是儒家的思想，中學時《論語》更是必讀的課程內容，因此我對很多事情的看法，也受到儒家文化很大的影響。

就像我創立宏碁就是以「尊重人性」做為企業文化的核心基礎，其實也是《論語》的核心價值，在本書有精闢的哲理探討。

又如在二千五百多年前，孟子提出王道思想，談的是國家領導人本乎仁義，如何為百姓創造富裕和幸福？如何維持國家永續發展？這些智慧，歷經數千年的淬鍊，是我們民族珍貴的資產。我也在經營多年後，總結了「創造價值、利益平衡、永續經營」的王道經營思維。

無窮的潛能，就深藏於悠久的文化底蘊中，等待我們的探索和發掘，這是我們邁向未來發展的根本。

石滋宜博士是早期台灣工業自動化的推手，是我敬重的前輩，他當時在中國生產力中心對於台灣的產業升級及人才培育有很大的貢獻。他在晚年，致力推動《論語》思想。我認識多年的萬以寧董事長，他也曾經是石博士的部屬，深受感召，有心發揚其志，希望針對年輕上班族推廣，終於邀請到曹行博士，以近一年半時間完成本書。本書的問世，真是很大的緣份。

《論語》是老祖宗留給我們的寶貴資產，至今仍然具有豐富的時代意義，只要我們能掌握其中的基本精神，再配合時空環境應用實踐，相信一定有助於開創更有價值的人生和未來。

我非常樂意將本書推薦給各位讀者。

（本文作者為宏碁集團創辦人）

帶著實境遊戲眼光體驗中華經典文化

——萬以寧／現代企業經營學術基金會董事

人類在文明的長河中，面對各種生存挑戰，以及無數的長夜星空；除了思考外在世界的原理，亦無時不在找尋一個安身立命的基礎——我為何存在？應該如何存在？我與世界的關係如何？與他人的關係如何？

對華夏文明而言，我們的答案是儒家。經數千年的蘊育和沈澱，無論朝代興迭，風俗變遷，或是揭櫫主義不同，我們的社會基盤，已經是以仁為核心的儒家思想。縱有風雲變幻，縱有思潮激盪，驟雨不終日，雨過天青時，浩浩湯湯的仍是儒家。

一般人為生活奔波，汲汲營營、匆匆所思，大都生於其中而不自知。我很幸運的在生涯中遇到兩位對我影響至深的貴人，一位是石滋宜博士，一位是施振榮先生。石博士是早期台灣工業自動化的推手，晚年致力推動《論語》思想。施先生是全球電腦產業的關鍵人物，近十年亦大力於企業界推動王道思想。他們不僅是產業的領袖，也是儒家思想實踐的精英。

我是現代企業經營學術基金會的董事，基金會係由李國鼎先生創立，後由石博士主持。石博士在廿多年前開始，就反覆以很嚴肅的心情提到的一個問題：「到底是什麼樣的力量，可以培養出李資政（李國鼎）、孫院長（孫運璿）、趙部長（趙耀東）這樣坦蕩蕩的人物？」經過多年的探討、省思，七十歲時，他終於在讀《論語》中找到了答案。

二〇二一年石博士以八十四歲高齡仙逝，在現代企業經營學術基金會、頂新和德基金會共同支持下，大家希望能夠發揚石博士的心願，把《論語》進一步的推廣，就開始推動一系列有聲、實體著作的計劃。

本書即在此理念下出版。本人和作者曹行博士為了籌畫及定位本書的內容，作了無數次的討論。特別要感謝以前中國生產力中心的老同事蔡淑賢不厭其煩的整理。我們甚至作了一個矩陣，將章節內容依主題展開，然後再慎重決定最具代表性的金句。期待讀者有些共鳴，並從中找到對自己的啓發和意義。

當然，除了《論語》，孟子、老子、莊子、易經、禪學，都是中華文化浩翰長河中影響至深的基因，曹博士也都費心作了精闢的濃縮，各以一章節介紹，以期讀者能夠滋生更豐富的人生心得。

曹博士是我感佩的摯友，多年前已是成功創業家，後來長期浸淫中西哲學研究，養成了對文本甚嚴的治學紀律，這也是本書非常珍貴的特點。

我希望讀者不要把本書當成嚴肅的國學，而是設想自己在穿越一個數千年歷史的時光通道，試著用不同的視野，對這悠久文明的文化、價值觀、風格、甚至美感經驗，作一個客觀的探索及了解。也許，用如同實境遊戲的眼光，可以驚豔地發現許多珍貴的體驗。

最後，由李建復先生主持的聲朗文化，從一開始即支持這個計劃，花費了很大的精神，共同製作，將內容展開為廿集的有聲書系列，以及五十支短視頻，和本書同步推出，在此一併感謝！

子曰：「學而時習之，不亦說乎！」，《論語》的第一句名言，正是我們策劃本書過程中的心情真實寫照；期待讀者閱讀旅程中，亦感受如此的美好喜悅。

（本文作者為現代企業經營學術基金會董事、前宏碁資訊董事長）

在論語找尋個人的核心價值

——丁菱娟

這幾年離開了職場，本想悠遊自在地過自己的第三人生，沒想到卻回過頭來再次創業成立「影響力品牌學院」，從中也悟到了人生追求意義感的真諦。閱讀這本書《讀論語做自己》更有感受，《論語》早就在教我們安身立命的道理，一旦建立了自己的核心價值，不管做什麼都無怨無悔。

讀《論語》其實是在安定自己的生命。這本書中，定位在以《論語》中最精彩悠美的金句，最貼切的實例和故事，對現代上班族講述如何探索自己、認識自己並且付諸實踐，追求坦蕩蕩人生的過程。根據媒體調查，台灣青年有許多是感到迷惘的，不知道自己要做什麼。我想那是因為大家不知道如何認真地探索自己、認識自己、與自己對話。現在重新回來讀《論語》正是時候，許多人生的困惑，都可以在論語中找到答案。所以，《論語》是跨越時空的經典，非常具有現代意義。

我最近也基於《論語》〈述而篇〉「游於藝」的啟發，在品牌課程帶領同學研習品牌經營之外，也帶領學員們，走訪台灣之美，擴大生活體驗，感受「浴乎沂，風乎舞雩，詠而歸」的生活美學，共同提升人文藝術的修養。

這是個例子說明，不同的年齡讀《論語》就有不同的感受，《論語》就是這麼有趣，當你生活有了新的歷練之後，再重新閱讀它，它就像一位新朋友一樣會帶給你不同的靈感和感受，也像老朋友一樣給你安靜穩定的力量。

我兩年前就聽到好友萬以寧熱情洋溢的說希望結合各界力量，推出一本為年輕人導讀《論語》的書，期間也不斷聽到他對一些章節有新的體悟，現在終於看到成果，而且看到作者曹行博士闡釋的如此精彩，非常樂意推薦給大家！讓我們一起來欣賞這個流傳了兩千多年的民族智慧，共同尋找自己最核心、足以讓我們安身立命的那個力量吧。

（本文作者為世紀奧美公關創辦人、影響力品牌學院創辦人）

重返千年經典場景看見現代意涵

——李建復

多元社會中的現代人熱衷於追隨各種不同的觀點主張、意識形態和生活方式。也有很多人在每天繽紛多變的網路媒體中覺得迷失，似乎需要有自己的一套安身立命的核心價值。

而一個社會的共同價值觀又是如何形成的呢？猶記得在我高中讀書時，課堂上都會有一門課程，名為「中華文化基本教材」。當年背書背得很辛苦，上課時也不太理解為何夫子們要講解這幾千年前的孔孟學問。多年之後豁然開朗，這是一個建立基於儒家思想的道德標準的過程，不管當年是否服膺老師的教誨，多多少少會吸收到，也逐漸養成了一個人和群體之間的倫理關係的分際。

君子務本，我們這一輩實在有責任，讓年輕人多一點機會，能夠多接觸及了解這些文化寶藏。考量到《論語》等經典的內容現代人不易消化，曹行博士很巧妙地用了很多小故事或現代社會的場景情境，解說並還原當年的孔孟思想，並對應現代的政治、社會、商業環境，讓人從中去深思反省。

我很榮幸帶領聲朗文化的製作團隊接受現代企業經營學術基金會萬以寧董事的邀請，配合作者曹博士的親口講解，製作了這一系列的「讀論語，做自己」視聽內容。大家除了閱讀本書之外，還可以掃描在本書前後的二維碼觀看或收聽。

現代企業經營學術基金會的創始人是李國鼎先生，基金會前任董事長是石滋宜博士，他們都是儒家思想中大臣和君子的典範。除了對台灣經濟發展的貢獻，兩人曾分別大力推動「第六倫」及《論語》。本書的付梓，除了有傳承意義，也代表躁動不安的時代，仍有一股來自本源的活水。期盼讀者在閱讀過程中，可以感受找到自己心中正道來源的喜悅。

（本文作者為聲朗文化創辦人）

導讀

這是一本談傳統文化與自我修練的書。文化是一個相當廣泛的題目，我們不妨從吃飯開始。不知哪一位哲人說的：「生命不是吃，就是被吃。」生命脫離不了飲食，人類自不例外。人類進食不外乎用筷子，用刀叉，用手抓。就此順理成章地產生三種文化：筷子文化，刀叉文化，及手抓文化。手抓文化較原始，先且不論。刀叉文化來自西方，筷子文化則屬東方，對於在筷子文化圈中長大的我們而言，吃飯用筷子是這麼的自然，天經地義。但是，在西方強勢文化的影響下，我們會不會在不知不覺中意識到，相對於兩根細棍，以銀晃晃的刀叉進食好像比較高尚雅緻？

當然，筷子文化不只是「用筷子吃飯」那麼單純。因為用筷子，所以才會有火鍋；因為用筷子，所以食物上桌時必須先切成小塊。也因為用筷子，所以一家人會圍坐著，分享碗盤中的菜餚。並且在分享時，顧慮到同桌人的感受，多禮讓而少搶奪。這與以刀叉進食的方式顯然有別。我們難以想像眾人手持刀叉分享同一盤食物並爭相切割的場景。所以文化是一個整體，用筷子的社會，就會有用筷子的思維，用筷子的價值觀。如果我放棄筷子，寧選刀叉，那就必須改變一家人同桌夾菜吃飯的習慣，改成各自吃自己盤中的食物。或許也就因此影響了我的某些思維，行為，個性，或價值順序，例如就此多一分個人主義色彩，減少些謙讓與協商。

筷子與刀叉只是一個比喻。我固然生活在自己的文化圈，但也在不知不覺中，受到西方強勢文化的習染，承認西方文化的優越性。那麼我們能不能就此放棄自己的文化，全盤接受西方文明與價值觀呢？一百年前的中國及日本都曾有類似全盤西化的想法。但是，即使最堅強的全盤西化論者，也必須承認，一味地追隨與模仿，終難有創新及突破，永遠只能處於文化殖民地的狀態。一個人，乃至一個民族，要往前發展，除了要向強勢文化學習之外，還要有自己的東西，才會有自信，才能有所突破，有所超越。

以被稱為普世價值的「自由」為例，「生而自由」，「不自由，毋寧死。」這的確是來自西方的重要價值觀。但是為什麼因此就說它是「普世」的呢？我們必須接受它是最重要的價值嗎？如果它和其他的價值，譬如說「責任」、「仁愛」，有所衝突，那又該怎麼辦呢？宋朝蘇東坡曾對「自由」發出千年一嘆，他說「長恨此身非我有，何時忘卻營營？」一方面自怨此身不得自由，一方面也說出身受束縛的原因——為了自己及家人的生活而必須在俗世中經營奔走。在自由與責任中，蘇東坡選擇了責任。這或許是筷子文化與刀叉文化的價值區別之一吧。

用了幾千年筷子的我們，也開始習慣於「公筷母匙」了，筷子文化與刀叉文化並非水火不容。古老文化也能接受許多新的觀念，並融入生活之中。但是在接受西方文明的同時，是否也該從自己的傳統文化中找出一些時代的意義，從而在多變的科技世界及複雜的人際關係中，找到自己所以安身立命的思想根本，而非任憑自己被淹沒在時代的大潮流中，喪失自我。這也是本書主要的出發點之一。

現代人所認識的，以及生活於其中的世界，與古人是完全不同的世界。我們為什麼要去理解古人的思想呢？只因為現代人所認識，所接觸的「人」，與古人是一樣的「人」。我與古人其實有相同的情感，相同的智力，相同的人性。有關人間的喜怒哀樂，有關人與人相處的基本道理，古人所想的，並不比我們少，甚至比現代人更透澈。能夠流傳到現代的，尤其是經得起時間考驗的智慧結晶。今日讀中華傳統經典，只是在借助古人的智慧，來啟發我們，使我們能成為更好人。本書即以《論語》為主，《孟子》為輔，重新去理解孔孟儒家思想，並探索其時代意義。

古往今來，介紹孔、孟的書已經很多了，這本書又有什麼差別呢？首先要強調，本書不是國學推廣，要來研讀古文，或發思古之幽情。也不是道德教訓，要來教忠教孝，勸人為善。更不是意氣之爭，要高舉民族大旗，以儒學對抗西化風潮。反之，本書期望能以理性來重讀傳統經典，但必須結合時代精神，並加入西方元素。要從現代日常生活及處境中，探討孔孟儒學的價值及意義。並且要儘量能讓讀者從生活經驗中觀察，或親身體證，其中的道理。最重要的，要有用，要能付諸實踐，有助於個人的自我成長，以及事業與家庭的和諧。

本書在結構上可分成五部分，共二十單元，每單元談一個題目。單元中的重要概念都儘可能截錄幾句原文，以為引證。所引用的原文章句，也都以粗體字顯示，以使醒目。

第一部分談**做自己、做君子**。包括了什麼是君子？為什麼要做君子？以及如何成為君子？關鍵點就在做君子不是為別人，是為自己。其下依序有四個單元，（一）認識自己：把現代人注意力的焦點，從觀注世界，翻轉到認識自己。（二）認識君子：

認識什麼是君子，以及認識誰可能是君子。認識君子是走向幸福的第一步。（三）與君子為友：朋友是重要的人倫關係。人不但要做君子，而且要與君子為友。因為君子值得信賴。（四）君子務本：君子要能區分本末先後，並致力於本，慎重於始。這也是君子掌握事理，控管情緒的心法要領。

第二部分談**儒家文化**，儒家文化有三千年的傳承，而且這個傳承構成了中華文化的骨幹，我們就正生活在這個傳承之中。此處分六個單元來談儒家文化，分別是（一）慎終追遠：談中華文化下之孝道與祭祀，以及血脈連結在現代的意義，例如企業文化的傳承。（二）為政在人：儒家把一切問題都歸結到人的問題。主張修己以安人，要知人善任。治國如此，企業經營要領亦在此。（三）郁郁乎文哉：華人社會重視家庭，重視教育的傳統，追根溯源，其實都奠基在周公及孔子。周公及孔子對中華文化做出極重要的開創、貢獻、及傳承，但也遭到後人的一些誤解。這也是現代人在繼承傳統文化時，要特別省思的地方。（四）仁者愛人：「仁」是孔子思想中，最具開創性，也是最核心的概念。仁愛的重要精神是什麼？根源在那裡？同樣是人，為何有仁與不仁的差別？這些都是孔孟思想中值得探索之處。（五）刑與禮：刑罰與禮教是古代治理國家的兩種模式，也可以是現代企業經營的兩種策略。儒家為何推崇禮教而輕刑罰？這些探索最終仍要回到現代，要從儒學經典之中，找到禮教，禮節、及禮儀的現代意義。（六）以道事君：「以道事君」在古代是指君臣關係，但放在現代社會的職場倫理，同樣頗具啟發性的。藉由「以道事君」終極意義的探討，期望找出現代君子在職場上應有的態度。

第三部分談儒家哲學，這是孔孟思想中，最深刻，最根本的所在。也是探究人間一切悲喜、榮辱、貴賤、窮達都不能逃避的問題，人何以如此？我何以如此？命何以如此？我又該如何看待此生？其中又分四個單元。（一）親親仁民愛物：儒家的人本思想是有層次的，仁愛從親人開始，然後層層外推到人，到萬物。並從中疏理出人與萬物的關係。（二）人性向善：儒家察覺到人的天性之中有向善的成份，這也是人之所以能為善的根本因素。孔孟人性向善的思想，不是道德教條，而是對人性細微觀察的結果。（三）求與得：人間之事常不如人意，我們應當如何面對命運？向內修練，強化自己對周遭人事的正面理解，提升自己的境界，是化解一切問題及壓力的最可靠途徑。（四）盡心知天：人來自天，天是生命的終極價值及歸宿。人對天有責任，對自己有責任，對他人有責任，對萬物也有責任。唯有找到自己生命的意義及責任，才能讓活著的每一天都有意義，人生也才有幸福可言。

第四部介紹儒家以外的重要傳統思想，包括周易，道家，及佛學。人的境遇有順逆，情緒有起伏，儒家思想未必在任何時間都適合所有的人。生命有時還需要有其他的出路。這部分有五個單元，這些單元多可與儒家思想相呼應或相對比，包括（一）無往不復：簡介神秘又世故的易經哲理，並討論現代人如何以理性來看待易經占卦。（二）道法自然：儒家與道家思想是中華傳統文化的兩大支柱。儒家主要關懷在「人」，道家則關懷「道」。本單元簡介《老子》書中「道」的一些重要的概念，並探討其中的相互關係。（三）老子的智慧：老子對人間之事，說了許多些很深刻又很有智慧的話，這些話也是悟道者對世事的洞察及理解。本單元著重於道術的運用，道術的運用必須是來自對「道」的體悟。（四）莊子的情懷：奇妙的《莊子》既有滂薄浪漫的寓言故事，又有內涵深刻的哲學思想。本單元以其中〈消遙遊〉、〈養生主〉與〈大宗師〉三篇為例，一則欣賞其文采，一則咀嚼其寓意，並探討其時代意義。（五）禪風：以禪宗為例，談一談漢傳佛教與中華文化的關係。以及在禪宗思想薰陶下，所發展出來的一種文化與藝術風格。

第五部分只有一個單元，介紹傳統文化薰陶下的三位歷史人物：范仲淹、王陽明及曾國藩。中華文明歷經百劫千難仍能屹力不搖立於世，就是因為有這類中流砥柱的出現。這裡所以選用這三位為典範，不只是因為學問，也非僅是考慮德行或氣節，更主要的原因是這三位的使命感及功業，他們成功的把孔孟的教誨實踐在生活以及經世濟民上。

二十個單元雖然各自獨立，但是多多少少有些先後關連，建議儘量依序閱讀。除此之外，許多單元之後，還附有與主題相關的金句選粹。這些摘自原典的短句，文字簡短淺白，但卻含義深遠，頗堪玩味，非常值得吟咏背誦。也希望能帶給讀者一些咏誦古文，與古人為友的樂趣。

讀《論語》，做自己。我們接受西方文明，但仍然使用筷子，只因為我們也有自己的傳統。今日來讀《論語》，就是要從從三千年的文化傳承中，找出屬於自己的現代意義。我應該怎樣過活？我要如何修練自己？我應該成為什麼樣的人，才能合宜的與家人，同事，人群相處，因而活得更幸福，更有意義？希望這本書能帶給您一些省思及啟發。

第一部

做自己、做君子

一、認識自己：發現世界，認識自己

這裡先從一個故事開始。話說從前，在江南有一個和尚，犯了戒律，鄉人就告到縣衙門。縣太爺怕事，想把他送到省城裡審問，於是批示公文，要公差收拾包袱，立刻把和尚押送到了省城。到省城的路要走七天七夜，公差也很盡責，隨時盤點：「公文、包袱、和尚、我」，一樣不缺，繼續往前走。到了省城的前一天，和尚想了個壞主意，藉口慰勞，弄了一些酒菜，好言好語地把公差灌醉。趁著公差醉倒，就把公差的頭髮給剃光，又把自己的袈裟換給公差穿，自己穿上公差的衣服，連夜逃走。公差第二天早上醒來，照例盤點：公文、包袱、和尚，看一看身上的袈裟，再摸摸光頭，心想和尚沒問題。「哎！那我呢？我到哪裡去了？我怎麼不見了？」

這個在古代，算是一個笑話。但現在聽來，倒像是有點諷刺。現代的人拼命追求外在世界的東西，但是往往忽視了自己的存在。所以公文在、包袱在、和尚在，結果自己卻不見了。的確，在現代有許多人，蒐集很多美食的訊息，可是不知道自己想吃什麼；讀了很多旅遊的書，可是並不知道自己想去那裡；買很多健康食品，卻從不留意自己身體所發出的不適徵兆。這些問題，其實關鍵都是「不認識自己，找不到自己」。

❖ 世界的圖式

讓我們來看看這一張圖。這張圖雖然簡單，但涵括世界的一切，可稱為世界的圖示。在此可以從「我」開始。要認識這個世界。首先要有一個「我」，這個「我」，指我的心靈，是內在的。我內在的心靈，去認識外在的世界。外在的世界就包括了，蟲魚鳥獸、花草樹木，山河大地、日月星空等一切一切。這些東西可以稱之為「自然界」。外在世界中比較特別的是「人」，包括你、他、我們、他們等。人在自然界之中，但也可另單獨歸一類。因為自然界中的一切事物都依自然規律運作，獨有人的心靈例外。人的心靈是自由的，不是自然定律所能操縱或決定的。

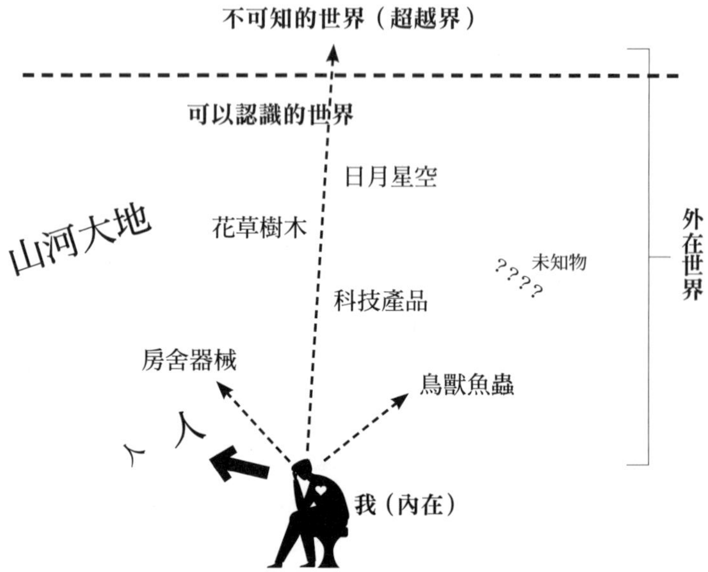

另外還有諸如靈魂、鬼神、上帝等，這些超越經驗，超越人類認識能力的東西，我們可以歸類屬於超越界。所以一切外在事物，能和我內在心靈發生關係的，可知以及不可知的外在世界，可分為自然界、人、和超越界三大類。當然超越界也可能內在人的心靈中，這是個比較特殊的東西——我們無法真正認識，因此先擱著，之後還會再談到。因此這裡討論的外在世界，主要是指我可以接觸及可能認識的部分：自然界以及他人。

身為現代人的我，常想追求新知，對外在世界有更多的認識。可是，另一方面，我對於我自己，自己內在的心靈，到底又知道多少？了解多少？這就造成了一個我在認識世界時的一個問題，就是：我對自己的認識反而不是很清楚。在此必須強調，我們固然是要認識世界，要知道很多世界的知識，但是也不要忘了要回過頭來認識自己。古希臘的德爾斐（Delphi）神殿中，就寫著一則箴言：「認識你自己」。認識自己，不論古今東西，都是非常重要的一個課題。

現代人對於外在世界的知識，尤其是對自然界的認識，遠遠勝過古人。在這方面，無可諱言的，西方文明的發展帶來很豐富的成果。我們必須承認，人類現在之所以能對自然界有豐富的知識，並且有各種精巧的科技發明，有相當相當的成分，是以西方文明實事求是的精神，以及日新月異的研究，所得到的成果。這些成果構成當前文化的主流，這是事實，不容否認。反過來看，中華文化在認識世界利用厚生這方面，的確是落後西方許多。不過，相對而言，現代人對於人的認識，尤其是對自己的認識，卻未必勝過古人。這也回答了一個問題，為什麼我們要讀經典？因為中華傳統經典有很大的一部份就在講做人的道理。

❖ 認識人的世界

當我們說「認識世界」，其實有一個非常重要的課題，就是認識「人的世界」，我們要認識自己，要認識他人，要認識人和人相處的道理。注意，在這裡，人和自然界已經分開了，因為人很特殊。在此就先透露人的三個特殊之處：

第一，貓不會使你生氣，狗也不會使你生氣，只有人才會使你生氣，也只有人才會使你覺得幸福。第二，人性是共通的，要先對自己有充分的認識，才有可能去理解別人。要先認識自己，然後才能夠了解別人。要先了解別人，才能夠跟別人相處。

第三，人能夠修練，人能夠藉由修練來改變自己，使自己成為更好的人。其他的動物比較沒有辦法，其他的動物就是靠本能，生下來是怎麼樣，這一輩子就是這樣了。是否如此？讀者可自行從生活經驗中求證。若果真如此，我們又該怎麼辦？本書將以《論語》為代表的傳統經典中去尋找答案。科技雖然是日新月異，我們雖然對外在世界的認識遠超過古人，可是，這個能夠認識世界的「人」的自身特質，以及做人的基本道理，其實與古人並沒有什麼改變。我們能藉由傳統經典來認識自己，不因為別的，只因為我們有共通的人性。不論東方西方，古代現代，我們都是同一種人，有相同的情感，相同的理性，人性是古今相通的。而傳統經典如《論語》，在有關人的問題上，其實有相當深刻的討論。

今天來讀《論語》，就是要從中去明白做人做事的道理、認真的認識自己、做自己，認真的去理解人與人之間的關係，使自己成為更好的人。如果我們不認識自己，不理解別人，不能夠妥善處理人與人之間的關係，怎麼可能有幸福可言呢？

提到《論語》就會想到孔子。在西方，有哲學家把孔子列為人類的四大聖哲之一。「聖」指他的人格可以成為典範，「哲」就是他的智慧可以指導我們人類。這四位聖哲，前兩位就是孔子與佛陀，這兩位幾乎是同時代的人。時間再晚一百年，是古希臘的蘇格拉底，再晚個五、六百年，是耶穌。孔子、佛陀、蘇格拉底、耶穌並列為人類的四大聖哲，對人類文明的影響既深且遠。

❖論語從頭讀到尾

在中國，我們提到孔子，就會想到孔子是至聖先師，因為孔子是所謂「平民教育」的第一人。在孔子之前，教育是只有貴族才有資格享用的，平民不能夠受教育，也沒有機會受教育。孔子打破了這個限制，讓平民都能受教，所以稱他為「至聖先師」。《論語》就是孔子弟子們記載先師孔子的言行。

在公元前四百七十九年，孔子過世時，孔子的弟子們集結在孔子的墓前，建造了一些廬舍，結廬而居，成為一個小聚落，共同為老師守喪三年。弟子們在墓旁居住三年，一起討論老師的教誨，再把老師的教誨言行，記錄編輯成冊，就是我們現在看到的《論語》。《論語》並沒有長篇大論，大概就是五百多則的短文，分成二十篇，總共字數也不到一萬兩千字，但是它卻是影響中華文化最大的一本書。

我們無法在短時間內，把《論語》從頭到尾讀一遍。但是至少我們可以來看看第一篇的第一則：「子曰：學而時習之不亦說乎，有朋自遠方來不亦樂乎，人不知而不慍，不亦君子乎。」是學而篇。還有最後一篇的最後一則：「孔子曰：不知命無以為君子也，不知禮無以立也，不知言無以知人也。」在堯曰篇。把這兩則讀一讀，在形式上，也算是從頭念到尾了。雖然只是把第一則跟最後一則拿出來看一下，但是可以發現幾件事情：

第一，這雖然是兩千五百多年前的作品，可是文字非常淺顯，現代人讀它，在文字上並沒有很大的困難。當然，在涵義上還是有很多地方要再探索。

第二，《論語》並不是一篇構思完整的思想論文，他是弟子對老師的言行的忠實記錄，再編串起來。在編串的過程中，當然第一篇就有其的重要性，是一個提綱挈領，非常重要的提示。最後一篇，在古代的文獻裡面，通常是追記，也就是後面比較晚期的學生，補記一些重要的總結。所以，讀了第一篇和最後一篇，大概可以體會《論語》的內容在講什麼。我們發現第一篇第一則提到了君子，最後一篇最後一則，又提到君子。這就會產生有這樣一個印象：《論語》是在講有關君子的事情。的確，有關「君子」這個重要的概念，往後還會一直再延伸。

先回到第一篇第一則的第一句話，「子曰：學而時習之不亦說乎。」雖然文字上寫的是「不亦說乎」，但是在古代「說」與「悅」同一個字，就讀「悅」，所以是「不亦悅乎」。「學而時習之不亦悅乎」有兩種解釋：第一種是把「學而時習之」的那個「時」，當作時常的時。當你學習了一個東西，時常去練習，就會很喜悅。第二種是把這個「時」當作時機的時。學習東西，找到機會去練習，就會很喜悅。這兩種說法，哪一種比較對呢？這就牽涉到我們用什麼態度去看待《論語》這本書。

依照第一種解釋，譬如，上音樂課，老師教唱一首歌，我不太會唱，就一直練習，在練習過程中，會感到快樂，感到喜悅。但是我就會想：如果學習東西的時候，一直練習就會覺得很喜悅嗎？大家可以自己試驗一下，恐怕不會。

此時我又會想：我一直練習都很苦惱，不會喜悅，那一定是我不對。因為孔子是聖人，他告訴我們，不斷練習就會喜悅，現在我不覺得喜悅，那就違背了聖人的教誨，所以我必須要喜悅，因為這是聖人的教誨，這是一個規定，應該遵守，必須如此。

若依第二種解釋，當我在音樂課剛學會一首歌，想找機會練習一下。後來朋友找我去唱卡拉ＯＫ，我就藉此練習發揮。我找到這個練習機會的時候，就很喜悅。我們是否可以從自己身上去找到這樣的印證，讀者也可以自己體驗。

這兩種解釋，一個是把「時」解釋為「時常」，一個是解釋為「時機」。要怎麼去分辨那個才是對的呢？這就涉及到對《論語》這本書，以及在讀它時的態度。第一種態度就是把《論語》當做聖人的教誨，必須遵從書中指導。第二種態度是把《論語》當做參考，不論書中說什麼，我會真心地在人生經驗中去印證書中內容有沒有道理。說得有道理，合於經驗，我就接受；若與經驗有衝突，我就存疑。就像前述的例子，如果以「時機」來解釋，我在生活中的確可以從經驗中找到印證，我就可以接受。反之，若以「時常」來解釋，與我生活經驗不合，我就會存疑。

舉這個例子，只是在說明這兩種讀《論語》的方法，本書是比較偏向後者的。也就是不把《論語》裡面記載孔子所說的話，當作是教條或命令。而是把它當作啟發，我自己必須要從經驗中去驗證孔子說的真假。如果它跟我的人生經驗相符合，我就接受；如果跟我的經驗不相符合，我就存疑。用這種方式來讀《論語》，理解孔子的教誨。

在此要特別強調，《論語》在幾千年來有相當多種解釋，但是本書基本上參考傅佩榮教授所著《解讀論語》中的解釋。因為他的解釋，既是繼承傳統，又能去蕪存菁，富時代意義，而且合於經驗，與上述的精神甚是相符。

❖認識自己做自己

回到《論語》在說什麼？前面給《論語》做了簡短的歸納總結：《論語》其實就是告訴我們要做君子的道理。包括了什麼是君子？為什麼要做君子？我可以成為君子嗎？都可以在書中找到線索及答案。

做君子就是成為更好的自己，此正是讀《論語》的目的，也是走向幸福人生的關鍵因素。這其中的關係，在本書其他篇章會有更多的發揮和演繹。做自己，並不是我行我素，恣意妄為。做自己是要真誠的內視自己，呈現自己，修練自己，把自己修練成君子。哲人說：「性格決定命運」，這個性格其實是可以修練的，要把自己修練成為君子的性格。

本書強調「做自己」是做君子的必要條件，是做君子的第一步。能夠先認識自己，然後才可能修練自己，使自己成為君子，否則的話，只能是偽君子。這也就是說，做君子是為了自己想要做君子，偽君子是為了別人而偽裝成君子，這裡面有很大的差別。讀論語的第一步，就是要明白，在做君子之前，先要真誠做自己的道理。

讀論語做自己

看

第一講

聽

第一講

二、認識君子：走向幸福的第一步

認識君子可以有兩個意思：認識什麼是君子？以及分辨誰是君子？首先談談什麼是君子？在古代，君子本來的意思是指君王之子，就是貴族，是以血緣與出身來作為某人是不是君子的依據。君子是貴族子弟，屬於統治階級，是平民的主人，也擁有貴族專屬的尊榮。君子當然也會接受比較好的文武教育，讀詩書、學禮樂，習弓馬，以及品德教育等等，有一定的文化水準。

孔子把君子二字做了一個大的轉向。前篇曾經說過，孔子開啟了平民受教育的風氣，也是第一位讓平民也能夠受教育的老師。既然平民能夠有機會學習詩、書、禮、樂、射、御，也能夠有好的品德教育，如此一來，君子就不再是貴族的專利。一般人若能夠經由教育、學習及修練，具有君子般的水準，也可被稱為君子。只是這樣的君子，不再是貴族，不再是別人的主人，也沒有特別的外在尊榮了。但是，至少他得是自己的主人，能自我尊重。所以孔子之後，君子的最基本要求，就是能做自己的主人，自尊自重地做自己。

❖從真誠做自己開始

做君子要從真誠的做自己開始，能夠看重自己，做自己的主人。這裡面其實隱含另一個前提：君子必定是一個人。這樣講好像有點廢話，人生父母養的，當然就是人。但是一個人如果做了傷天害理的事情，就會被別人說「你不是人，你沒有人性。」所以說君子得先是一個人，得有人性。

人性又是什麼呢？這問題說複雜是很複雜，若說簡單也很簡單。古今中外，有很多書籍討論人性是什麼，各家說法很多，眾說紛紜，未必能說出一個眾人信服的理論。但是簡單來說，每一個人都是人，都有人性，只要向內觀察，觀察自己，就可以找得到人性，八九不離十。

先來談談做自己。做自己好像也是天經地義，但是未必。曾有過一個經驗：有一次在會議室和客戶某副理商討進度，那位老兄大力批評他的另一位同事，說對方又笨又懶，能力極差，耽誤進度。正說到熱鬧之處，被批評的同事走進會議室來參與討論，結果副理馬上換個臉孔，對這位剛進來的同事熱情握手拍肩介紹說：「救星來了！事情交給他辦，就沒問題了，哈哈哈哈……」當下，讓人感覺到這位副理怎麼這麼虛偽，這麼善變。所以在當時，他其實並不是在做自己，只是在逢場做戲。

面試官在面試的時候，也常常碰到一些應徵者，當面試官說，這個工作需要交際，應徵者就裝出一副很外向的樣子來配合你。若和他提到這個工作需要耐心，馬上又說自己很有耐心又很細心。其實你心裡明白，那並不是真正的他，是裝出來的。這類情形其實都不在做自己，他們在做別人，或在演給別人看。君子做自己，尊重自己，當然就是要儘量避免假裝給別人看的習慣，或是減少這類心口不一的言談舉止。

君子要做自己，其實是有些基本功夫的。這邊所說的功夫，就像中國功夫、少林功夫，是需要修練的。但是這個修練不是身體的修練，而是心靈的修練。「做自己」的基本功夫，就是「真誠待人，自我反省。」是向內的修練，是不斷進行的過程。石滋宜博士在《向孔子學領導》書中反覆強調，要有一個「內向修練」，就是這裡所指的「做君子的功夫」。真誠待人、自我反省，是君子內向修練中很重要的一環。

❖真誠與計算

所謂的真誠，是發自內心的真實，不自我欺騙，也不為了某些目的而偽裝自己，欺騙他人。所以，提到真誠，就會想到另外一個詞——虛假。真誠跟虛假是對立的。我們也會提到另外一個詞，就是計算或者算計。計算，是為了確定利害、趨吉避凶，進行盤算或謀略，是有目的性的。真誠跟計算是面對事情的不同的態度，但是不見得是對立的，也未必會有衝突。

假設我有一個案子，為了贏得這個案子，去對客戶做深入研究，對於競爭者與合作夥伴也做了全盤性考察，進而訂定計劃，合縱連橫，或者投其所好等等，最後我贏得了這個案子。這是一種算計，這個算計並不影響到我們的真誠。因為，我本來就是要贏得這個案子，所以我算計如何贏得這個案子，這很好。但是另外一種情況，如果我要贏得這個案子，我就欺騙作假，把客戶不想知道的事情隱瞞下來，讓客戶上當。最後雖然說服了客戶，但這裡面就不再有真誠，而僅止於算計，因為我欺騙客戶，甚至也欺騙了自己。這個例子要說的是：君子是人，人為了趨吉避凶，是需要算計的，但是人不能夠總是在算計。有時候，尤其是在情感上面，我們必須是真誠的。真誠地面對自己，以及面對自己所愛的人。

孟子曾經說過一句話「大人者不失其赤子之心。」赤子，就是小孩子。小孩子只會很真實的、很真誠的去處理一切事情，他沒有算計，不會算計。大人，就是有大作為的人，格局比較大的人。這樣的人在有些時候，還能保持著像赤子一般的真誠，真情流露，這是孟子所誇讚的，所以說「大人者不失其赤子之心」。這給我們一個很好的思考空間。

真誠與算計，有時也未必涉及道德，不見得哪個比較好，哪個比較壞。例如進餐廳想吃咖哩飯。準備點餐時發現牆上貼著：「本日牛排餐特價——對折」，等於只要付咖哩飯的錢就可以享用原來貴一倍的牛排。這時候，應依照原本想法吃咖哩飯呢？還是吃牛排享受折扣呢？如果想真誠對待自己，就選擇咖哩飯，因為我想吃咖哩飯。如果我凡事先計算，就點牛排，因為點牛排比較划算。這兩種選擇完全與道德無關，沒有對與錯的問題。

從以上這些例子，我們也可以察覺到，利害計算有時是必要的，但算計太多也會變成一種習慣，不知不覺中凡事先計算利弊得失，甚至不惜虛偽應對。就如同前面的面試者。這其中沒有絕對的是與非，但是「大人者不失其赤子之心」，當真誠和算計有衝突的時候，君子比較傾向選擇真誠。真誠的感受，真誠的應對，讓真誠成為一種習慣。習慣會改變性格，性格會改變命運。

❖ 經由反省認識自己

再來談一談反省。經由反省，我們可以認識自我。反省就是向內反思自己，反求於己，想一想我這樣做對嗎？我有沒有對不起別人呢？我有沒有按照我理想中的方式來過活呢？反省有一個非常重要的條件，就是必須先要有自我意識。要先發現「我」，發現「自己」的存在。察覺到「我」就是說這話，做這事，造成這樣後果的那個人，然後才有可能自我反省。自我意識及自我省思，是人與其他動物最大的差別。別的動物還不能形成「我」的概念，沒有自我意識，不會察覺到自己就是行為的主體，當然也就不會反省。反省就是人跟動物的一個極大的差別。要先有「我」的概念存在，才能夠去反思，反思之後才能很有尊嚴的對自己說：我所做的事情都是符合「人」可以做的事情。這個其實就是人類的特色。人有人性，有自我意識，也只有人能反省。反省把人從動物之中區分出來。不能反省的人，其實和動物沒有差別。

曾子曾經說：「吾日三省吾身，為人謀而不忠乎？與朋友交而不信乎？傳不習乎？」在學而篇。「三」並非就是說我每天反省三次，也不是說就是反省那三件事情，「三」就是很多，經常的意思。那三件事也只是舉例，重點在反省。自己的行為是否應該呢？是否符合自己的期望？我們也只有經由反省，才有可能真正的認識自己。

有個相關的概念在此要特別提出並做分辨，就是「反省」要與「反覆思量」分開。反省都是針對自己的，針對自己言行的對或錯在反省。反覆思量則有相當多的時候，都是針對別人，那個人該怎樣，我應該怎樣對付那個人等等。這些盤算，是在求利弊得失，這不是反省，這只是一個念頭在打轉。二者必須要區分。

前面說君子要做工夫。養成真誠的習慣，以及時常反省的習慣，其實就是做君子的最起碼的工夫。當然做君子還有一些其他的要求，讓我們從讀論語中逐漸發掘。

❖為自己做君子

回到《論語》第一篇第一則，「子曰：學而時習之，不亦悅乎。有朋自遠方來，不亦樂乎。人不知而不慍不亦君子乎。」在學而篇。「人不知而不慍不亦君子乎」，是論語第一次提到君子，也可以說有關於做君子的一個最基本要求之一，就是「人不知而不慍」。慍，就是懊惱、鬱悶。為甚麼會懊惱、鬱悶呢？是因為受到委屈，受委屈就會覺得鬱悶。不慍，就是不認為是受了委屈，也就是無所謂。所以「不慍」也代表的是這件事情無所謂，不重要。「人不知而不慍」，就是說別人知不知道沒有關係、不重要。為什麼說不重要呢？顯然有一件事情更重要，那就是自己知道。我知道什麼，或是我學了什麼，別人知不知道沒有關係，但是我自己很清楚。因為我做一件事情，或者學習一個東西，是為了自己。因為是為自己，所以別人知不知道，當然就不重要了。這是君子的一個基本條件。我們說為善不欲人知，這裡說學習不欲人知。「不欲人知」的原因，就是因為不重要。並不是說怕別人知道，而是說別人知不知道根本沒有關係，我自己知道就好。

俗話說重要的事情要說三遍，孔子在《論語》裡面，這類的話說了五遍，除了這個「人不知而不慍，不亦君子乎。」之外，孔子還說了：「不患人之不己知，患不知人也。」在學而篇；「不患無位，患所以立；不患莫己知，求為可知也。」在里仁篇；「古之學者為己，今之學者為人。」在憲問篇；「君子病無能焉，不病人之不己知也。」在衛靈公篇。這都在說一件事情，就是別人知不知不重要，但自己要知道。君子是做自己，知不知、能不能、會不會，主要是為自己。為自己而學，為自己而能，為自己而做君子，不是為了別人。孔子之所以如此反覆叮嚀，這代表說這個概念真的是非常重要。

❖ 君子知天命

再回到《論語》最後一篇最後一則，「孔子曰：不知命無以為君子也，不知禮無以立也，不知言無以知人也。」在堯曰篇。「不知禮」、「不知言」在說什麼？後面還有機會再來談。這裡先看「不知命無以為君子也」，這很清楚的談到，君子就要「知命」，不知命就難以成為君子。

是什麼叫知命呢？這個「命」，有兩層意思，一個是指「命運」，命運是不可掌控的，是指整個的環境。人在大環境之中，只能夠接受，無法去改變或掌控，甚至不能以理性去說明命運何以如此。

命的另外一個解釋，就是「使命」。使命就是我自己認定我活在這個世界上，我想要做的，我應該做的事情，這就是我的使命。人生的使命是可以選擇的，或說，使命是我自己選擇的。簡單的說，我在大環境中，要活得有意義，就要有使命感。我是為了這個使命在活的。只要是君子，都應有這個使命感，也因為有這個使命感，所以知道應該如何面對所遭受到的命運。

「不知命無以為君子」，君子要能知命，知命就是知天命，也就是在大環境的限制之下，自己知道上天給我的使命是什麼。當然這個層次就比較高了。這就是為什麼放在最後一篇最後一則。這也可以說明，在君子修練的境界上，「知命」是一個比較高層次的要求。

❖ 為什麼要做君子

前面談到君子要真誠，君子要能夠反省，君子要能夠做自己、為自己、而且有自知之明，君子要知命等等。這些都是對君子的一些要求。再進一步來看，為什麼要做君子？當然做君子有很多原因，在這裡至少先提出一點，就是「君子坦蕩蕩，小人長戚戚。」在述而篇。「君子坦蕩蕩」這句話，現代人也都能夠理解，在此就不再做解釋。下面引用《論語》的另外一則，司馬牛問君子，在顏淵篇。司馬牛是孔子的弟子，他問孔子說，君子是什麼呢？孔子答「君子不憂不懼」。司馬牛又問：「為什麼說不憂不懼就可以是君子呢？」孔子說：「君子自我反省沒有愧疚，內心光明磊落，那你有什麼好憂慮的呢？有什麼好害怕的？」所以做君子一個很大的一個好處，就在於君子的內心坦蕩蕩。在自我反省的時候，沒有覺得對不起他人，心裡面很安穩，覺得自己無愧於心。這就是所謂的「君子坦蕩蕩」，心安理得，對得起自己。

「君子坦蕩蕩」其實還有另外一個原因。如果自己不是一個很真誠的人，處理事情都是在計算利弊得失，當然也就會疑心別人也在計算。大家算來算去，機關算盡。那種的生活，其實就是處處提防、處處謹慎，或是說處處憂心。那也就做不到君子坦蕩蕩，只能是小人長戚戚了。

本單元標題是「認識君子」，為什麼又說認識君子是走向幸福的第一步？因為要認識君子，先要明白君子的本質。君子是真誠的，能夠反省的，有使命感的。然後我才知道該怎麼做，才能夠成為君子。更進一步，如果了解君子的本質，也可以此觀察我周遭的朋友、同事、夥伴、或是正在交往的對象，他們是不是君子，他們是不是能夠反省，他們是不是有使命感？那也就可以約略分辨出誰是君子，誰不是君子了。自己努力做君子，同時能夠分別我周遭人，誰是君子誰不是君子，這就是我們走向幸福人生的第一步。

讀論語做自己

看

第二講

聽

第二講

✲ 金句選粹

・**人不知而不慍，不亦君子乎？（學而篇）**

君子不在乎別人知不知道自己，因為不重要。君子自己要知道自己。因為君子做一件事情，或者學習一個東西，是為了自己，不是為了別人，所以別人知不知道當然就不重要了。

・**不知命，無以為君子也。（堯曰篇）**

君子要能在命運的限制之下，知道自己生命的意義是什麼，上天給自己的使命是什麼。否則就不能算是君子。

・**吾日三省吾身。（學而篇）**

我經常自我反省，省察自己的行為是否應該？是否符合自己的期望？有沒有對不起他人？只有經由反省，才有可能認識自己。

・**君子坦蕩蕩，小人長戚戚。（述而篇）**

君子自我反省的時候，對得起自己。沒有對不起他人，內心坦然無愧。小人日夜盤算利弊得失，所以經常患得患失，煩惱憂心。

三、與君子為友：做君子並與君子為友

與君子為友，是與他人相處並建立關係的基礎。朋友是五倫之一，指一群有情義的人，彼此平等交往，融洽相處，而且情義相投。「倫」就是倫常、倫理，「五倫」就是指五種人際關係及人際相處的倫理規範，是由孟子提出來的。孟子說：「父子有親、君臣有義、夫婦有別、長幼有序、朋友有信。」父母與子女之間彼此相處，要以親情為重。君臣，在古代，是指主人跟僕人，或是君主和臣子。在現代，我們可以理解成老闆、夥計，或者是長官、部屬等上對下的關係。君臣之間相處要合於道義。夫婦是構成家庭最重要的支柱，不管夫婦之間多親密、夫與婦之間還是要有分別，各有各的職責。長幼有序指兄弟姐妹相處要有一定的長幼次序，當然這邊提到「兄弟姐妹」的含義很廣泛，泛指鄉里或是家族親戚。「朋友有信」是本單元要談的重點，朋友相處要守信用，彼此信賴。

❖三綱五常？

提到五倫，就會令人想到「三綱五常」。但在此要先強調，五倫和三綱五常完全是兩回事。「三綱」指的是「君為臣綱，父為子綱，夫為婦綱。」；「五常」是指「仁、義、理、智、信。」三綱絕對不是孔孟儒家思想，三綱是帝王專制下的儒家思想。所以會強調臣以君為綱，子以父爲綱，婦以夫為綱，這裡面有非常強烈的威權主義及僵化教條。是我們現代的人所不能接受的。

為什麼這麼說呢？因為在秦漢之前，帝王專制之前，君臣的關係是互相的，《論語》可以證明。孔子在八佾篇說：「君使臣以禮，臣事君以忠。」臣子事奉君主要「忠」。「忠」不是我們現在所謂的效忠領袖這類的。「忠」就是指盡己之心，盡己之心謂之忠。長官運用部屬要有一定的禮儀、禮貌，部屬事奉長官要盡心盡力，所以說君臣是互相的。到了孟子就更激烈了，孟子說：「君之視臣如手足，則臣視君如腹心；君之視臣如犬馬，則臣視君如國人；君之視臣如土芥，則臣視君如寇讎。」國君如果對待臣子像手足一般，那臣就會視君如心腹；國君如果待臣子像犬馬一樣的使喚，那臣就視君如陌生人；國君如果對待臣子像土地、草芥一樣的踐踏，那臣就視君像仇人、像強盜。這也可見，在孔孟的思想裡面，君跟臣是互相的。君臣有義，僅此而已，絕對不是君為臣綱，臣子必須絕對服從君主。五常也有點問題，這個問題在仁、義、禮、智、信的「信」上面，後面還會討論到。

朋友之倫，是指朋友相處的規範。朋友間的關係是靠情誼，有它的特殊性。朋友是自己選的，不是被安排的，也不是命定的。父子關係不是自己可以決定的，生下來就是如此。朋友則不是。此外，朋友也是互相的，你和我做朋友，而且我也視你為朋友，不是單方面就能認定爲朋友。朋友也有深淺之別，情誼和交往的深淺，是不一樣的。在今日，朋友關係尤其重要，因為君臣之間，上司和部屬之間，也可以是朋友。夫婦之間在婚前當然就是男女朋友。長幼就更不用講了，兄弟姊妹是以情誼在維持，也就是朋友關係。李國鼎先生提倡「第六倫」——群我倫理，就是把朋友關係更廣泛地普及到每一個人。

❖ 朋友有信

信，就是誠信，信守承諾，真誠的允諾，盡力的實現，說話算話。當一個人每次都說話算話，就會被認為是值得信賴的人。所以「信」有守信和信賴的意思。守信是指對事情的承諾，信賴則是對人品的評價。上一單元談到曾子的「吾日三省吾身」中，提到「與朋友交而不信乎？」，也就是說要時常反省自己跟朋友交往，有沒有做到「守信」二字。

孔子的學生子夏，在學而篇也說：「與朋友交，言而有信，雖曰未學吾必謂之學矣。」與朋友交往就要言而有信，「信」是指信守承諾。孔子在談到他的志願時，在公冶長篇特別提到「老者安之，朋友信之，少者懷之。」在此「朋友信之」的「信」，不只是守信，還包括朋友間相互信賴。孔子心目中的理想的社會：年老的人都能夠得到安養，朋友之間都能夠相互信賴，年少的人都能夠受到關懷保護。

❖誠信與承諾

如何能夠做到信守承諾？守信的前提就是要能夠真誠與自重，要能夠真誠的允諾，並且要能夠重視自己的這個允諾，所以守信是就真誠與自重的表現。如果一個人在做出承諾的時候並不很誠懇，而且他也不重視自己的承諾，那麼就很可能不去信守承諾。《老子》，又稱為《道德經》，裡面有句話說：「輕諾必寡信」，若輕率地答應別人，就很可能不守信。

為什麼會很輕率地答應別人呢？可能有三個原因：第一，他本身就不自重。第二，他可能也不自知，不知道自己的處境跟能力。第三，他做事情不真誠，他都是計算，所以在做承諾的時候，算一算做承諾比較有利，等到真正要到信守諾的時候，又發現說實踐承諾不划算，就放棄守信，一切都是利害計算的結果。相對的，對一個自重的君子而言，會堅守「一諾千金」，君子的承諾是非常有價值的。

《世說新語》中有一個故事：漢魏之時，有兩位很有名望的讀書人，華歆和王朗，當時的人覺得兩個人都很優秀，不分軒輊。那是一個兵荒馬亂的時代，華歆跟王朗有一次坐船逃難。船要開的時候，有一個陌生人希望這條船能夠帶他一起逃走。華歆當場拒絕，王朗就勸華歆說：「沒關係，船上還有空位，你讓他上來，反正是救條人命。」結果這個人就上船了。船行走到半江中，賊兵划船追過來，王朗就很緊張，想要把那個人推到江裡面，減輕重量。華歆說：「不行，你答應讓他上來。既然他上來了，就不可以再把他推下去。」後來的人就根據這件事情來評斷華歆跟王朗的優劣。

我們來分析一下：華歆知道，當時的環境可能有追兵，所以不要讓陌生人上來，但是一旦答應了，就要重視自己的承諾。反觀王朗，一開始的時候，就沒有好好衡量情況，到了危急的時候，又因為利害計算，改變自己的承諾。這就是一種不自知、不自重的表現。

那麼有承諾就一定要做到嗎？也未必，至少承諾必須是要出於自願。《史記》上記載，孔子在周遊列國的時候，帶著弟子要到衛國去，路過一個小鄉鎮，這個鄉鎮居民和衛國國君有仇，所以不希望孔子到衛國幫衛君，就阻止孔子經過。孔子的弟子們跟鄉民起了爭執，要打架。後來雙方談判，當地的鄉民說，「你想從這邊去衛國，可以，但是絕對不能夠去見衛國國君，你要發誓。」孔子就發誓。出了城鎮後，孔子到衛國，也見到了衛君。子貢就問說：「老師，您發過盟誓，怎麼可以不遵守呢？」孔子說：「這個盟誓是被要脅的，要脅的盟誓神是不會聽的。」也就是說，被迫做出來的承諾，不是在自由意志下做出來的承諾，不算是承諾。

❖ 守信不能背義

除此之外，守信也不能夠違背義理。因為守信不是絕對的，它是次要的。舉個例子，如果朋友邀請我參加一個活動，我答應他了，結果活動當天下雨，我就想：「下雨好麻煩，不去算了。」這個不行，答應人家的事情就不要反悔。或者我的車子壞了，因為出門很不方便，所以不去。這個也不行，因為答應別人的事情，若有困難應盡力克服。車子壞了可以修，或者是坐其他的交通工具。若要赴約的時候，媽媽生病了，要送媽媽去醫院。這個當然就要衡量輕重，還是不去了，因為媽媽比較重要。又或要去之前，從別的地方知道說這個活動有非法目的，他們是要商量一件不法的事情。那當然就不要參加，因為參加的是違法，不正當的。所以並不是說答應對方的事就一定要做到，還要考慮當時的情況，承諾本身是否合於義理？兌現承諾的時機是否正當？

關於對守信的堅持，《莊子》在盜跖篇中也說了一個「尾生抱柱」的故事。男子尾生與和心儀的姑娘相約在橋下見面。尾生在等候女子時，河水暴漲，越漲越高。但尾生為了信守承諾，始終不離去，結果抱著柱子被大水淹死。類似的故事也被改寫成民間七爺八爺的版本，而廣為留傳。像這樣無條件的守信，有人斥為愚蠢，也有人讚之為神明。那麼類似這樣的堅持，孔子會給出什麼樣的評價呢？

孔子在評斷人品的時候。曾談到「言必信、行必果，硜硜然小人哉，抑亦可以為次矣。」在子路篇，孔子對此類「言必信」的評價並不很高。「硜硜」就是石頭碰擊的聲音。硜硜然就是指一個人很固執，或是很不知變通。「小人」並不是說這個人的道德操守不好。小人是指這個人的格局小，只看到小處，看不到大處，不能擔大任。所以說「言必信」只是一個「次」、一個次等。就像尾生抱柱，不能衡量事情的輕重，以至於為了一個相對不足道的承諾，犧牲了寶貴的生命。

孟子就說的更直接了。孟子說：「大人者言不必信，行不必果，唯義所在。」大人和小人相對，就是指格局比較大，想要有大作為的人。這樣的人更重要的目標，就是人間正義。至於是否守信，是否貫徹承諾，那都是次要的。所以從這邊就可以看的到，「言必信」並不是最高價值，做人不能夠背棄道義，這才是最重要的事。前面曾說「五常」有問題也在這裡，五常把信與仁、義、理、智並列，其實仁義要優先於守信，有一些考量是比守信更基本。

朋友之間固然要守信，但是更重要的是，朋友要是君子，因為君子真誠自重，而且自知，所以定然就會守信。如果他不守信，也一定是因為有比守信更重要的義理需要考慮。所以「朋友有信」也可以是指朋友之間互相信賴。君子值得信賴，即使他不能守信，我也知道他有不能守信的道理。

❖ 無友不如己者

我們要與君子為友，要「無友不如己者」。孔子說，「主忠信，無友不如己者」。此話還說過兩遍，一次是說「無友不如己者」在學而篇；另一次說「毋友不如己者」在子罕篇，意思一樣。「不如」兩個字比較會引起誤會，因為我們現在說「不如」就是好像說比不上，交朋友還要來比較來比較去嗎？當然不是。不如當作比不上，是現代的用法。在孔子那個時代，「如」就是如同，「不如」就是不同，就是不同類的意思。所以「無友不如己者」就是交朋友要交同類的朋友，和不同類的人交往就要小心一點。什麼叫同類呢？我是君子，所以我交往的朋友也要是君子，這就是同類相交往。

有一次，孔子的學生，子夏和子張，他們的學生在一起互相討論。子夏的學生就問子張說：「交朋友有什麼祕訣嗎？」」子張不直接回答，反而問說：「你們老師怎麼說呢？」子夏的學生就回答：「我們老師說，可以交往的就交往，不可以交往的要拒絕。」子張說：「我聽到的不是這樣的啊。如果我是君子，我固然是尊敬賢能的人，但是我也可以包容一般的人。所以要先問我自己賢不賢。我自己很賢能的話，那什麼人我都可以接受，如果我自己不賢的話，別人也不會接受我，我也更沒有資格去拒絕別人。」這是孔子門人對於交朋友的兩種理論，大家可以比較一下。子夏的態度比較謹慎，盡量不要結交損友。子張就比較積極，只要自己端正，就不怕會受壞朋友的影響。或許我們可以中和一下：如果是比較不相干的朋友，不妨採子張的模式，擴大自己交往的對象。反之，若是較親密的朋友，可能子夏的模式會更保險一些。孔子自己對這兩個學生也曾有過這樣的評論：「子張就是略為超過了一些，子夏就是過於保守，有一點不及。」所謂「過猶不及」，就是在說這兩個人。

❖ 與君子為友

朋友交往是有層次的，就像這張圖：以「我」為中心，我周遭會有幾個最親密的朋友。然後會有一些好朋友，再外面是一些自己的同學，或是一起共事的同事等等。

再外面是有往來的商業夥伴之類。然後就是僅只是認識的泛泛之交。此外就是路人、陌生人了。網友也可以是屬於這類的，因為，我其實並不真正的認識他。把這些一層層的關係整理出來以後，我們可以說，朋友是要區分遠近親疏的。愈親密的朋友，當然彼此之間的情誼就更濃，那就更需要真誠相待，彼此值得信賴，因為情感這個東西一定要是真誠的，不能有計算在內。至於一般朋友往來，可能情感部分就沒有那麼重，相對的，算計的部分

朋友的層次：區分遠近親疏

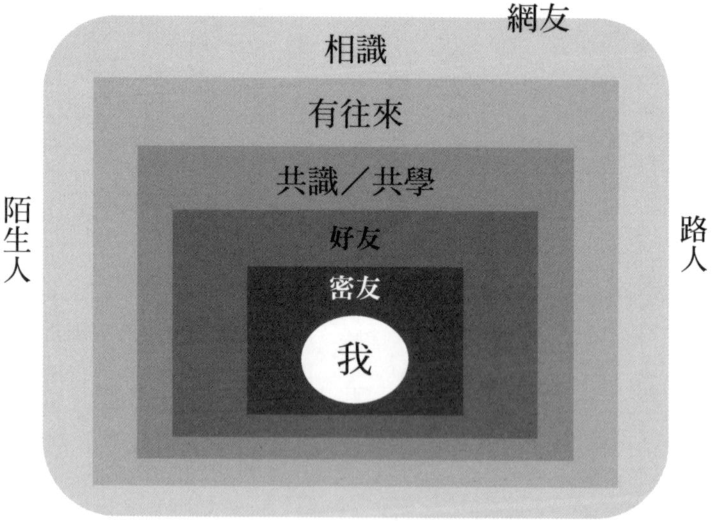

會比較多，這是可以理解的，並不防礙。不過，就算是一般的朋友，普通的朋友，我們還是要找人品端正一點。因為這個都會影響到我們自身的利害。

前一單元談到要做君子，君子坦蕩蕩。人生幸福的路，除了在做君子之外，還要與君子為友，因為君子真誠自重，信守承諾，能夠信賴，值得交往。反過來，也要遠離自己認為不似君子的人。越親密的人，越需要是君子。越不是君子的人，就應離他越遠一點，這樣比較可以遠離災難。我們在社會上看到很多的社會事件，都是因為識人不清、交友不慎。所以有人會受朋友的欺騙，以至於落得個傾家蕩產。也有公眾人物被親密的男友痛打，造成社會新聞。我們從旁觀者的角度來看，只有一句話，就是「交友不慎」，不能與君子為友。當然，自己必須先是君子，君子才能與你為友。所以在人生幸福的路上，沒有別的，自己必須要是君子，而且要與君子為友，越親密的朋友，就越必須是君子。

讀論語做自己

看

第三講

聽

第三講

✻ 金句選粹

- **父子有親，君臣有義，夫婦有別，長幼有序，朋友有信。（孟子．滕文公上）**

父母子女之間有親情，君臣上下之間相處要合道義。夫婦之間雖然親密、但還是要有分別，各有各的職責。兄弟姐妹、鄉里、族親相處，要有一定的長幼次序。朋友相處，則要互相守信，彼此信賴。

- **老者安之，朋友信之，少者懷之。（公冶長篇）**

一個理想的社會，年老的人彼此都能夠得到安養，朋友之間都能夠相互信賴，年少的人都能夠受到關懷保護。

- **夫輕諾必寡信，多易必多難。（老子）**

事先輕易就許下諾言的，到時候很少能信守承諾。事先把事情看得太容易的，到時候必定會遇到各種困難。

- **主忠信。無友不如己者。（學而篇）**

君子以盡心、守信為做人處事的基本原則。所交往的朋友，也都是君子。對志不同道不合的人，則保持適當距離。

四、君子務本：掌握本末提高生活滿意度

「務本」是掌握事理與控管情緒的重要心法。「本」是原本、基本、根本。字形上，在「木」的下方有一個小橫槓，意指它在木的根部。所以「本」原意就是樹木的根本。

從原意又可衍生出三種意涵。一是指時間上的本，就是以「先」為本，在事態變化的起始點，我們常說「飲水思源不忘本」，這個本就是從時間上來定義。

再者，「本」也可以是邏輯上的本，是事態變化的原因和基礎，例如在數學或是物理上有所謂的基本原理，其他的原理都是從基本原理推導出來。或說「助人為快樂之本」，助人是使人導致快樂的根本原因。

另外，「本」也可以從價值上來說，是以主要的、重要的為本，以根本價值、關鍵的因素為本。例如，用功讀書是學生的本分；身體健康是事業的本錢。這個「本」

都有最重要因素的意涵。

通常時間上的本——起始點，也會是邏輯上的本——根本原因，以及價值上的本——根本價值。例如「孝順為齊家之本」，從時間順序來說，要先孝順，然後再做到齊家；在邏輯上，從孝順可以推論出齊家之道；從價值上來看，孝順是齊家中最重要的價值，這三種解釋都符合本的意思。

❖ 本末先後

有「本」就有「末」，如果本是指樹的根，末就是樹的枝葉，是細節，也是比較次要的部分。本在時間上，就是指「先」。有「先」就有「後」。後，可以是指終點、指目的。但若是先、後併列，就有次序的意思，是以先為本，以後為末。「先」比較重要，然後才會是「後」，所以末也有次要的意思。也就是說，如果能夠把握住「本」的話，就可以確實掌控「末」。如果把握住「先」的話，就有助於掌控「後」。

《大學》是儒家的四書之一，傳說是曾子所著。《大學》裡有句話：「物有本末，事有終始，知所先後，則近道矣。」只要是東西，就可以區分本體跟枝幹；只要是事物，就有起點跟終點。重點是我們要知道本末先後，一旦知道了本末先後，就不會離道太遠，所以說「知所先後，則近道矣。」道是什麼呢？簡單的說，道就是大馬路、就是正途，也就是人生該走的路。

《禮記》上也說：「君子慎始，差若毫釐，謬以千里。」「差若毫釐，謬以千里。」有時候我們會說：「失之毫釐，差之千里。」意思上是一樣的。就是說在一開始的時候，如果些許小差錯，這差錯就會一直被擴大下去。所以說「君子慎始」。

合歡山松雪樓附近，立有一塊小木牌，上面寫著說這裡是「台灣東西岸的分水嶺」。所以我們想，如果在牌的正上方的空中落下一滴雨，這滴雨如果往東邊多幾釐米，它就流到太平洋。如果往那一邊偏幾釐米，它就流到台灣海峽了。太平洋跟台灣海峽中間隔了好幾百公里，可是雨水在那個地方，只要差個幾公分，就決定了是流到太平洋，還是流到台灣海峽。這正是所謂的「君子慎始」，一個人最終結果的好壞可能天差地別，但是其實在開始的時候，就只是一念之差。

老子《道德經》也說：「其安易持；其未兆易謀；為之於未有，治之於未亂。」我們在環境還算安定的時候，比較容易維持。在動蕩的徵兆還沒有完全顯露的時候，比較容易對付。反過來說，當動亂已經發了，要去把它彌平，或是當事情爆發出來後，要想去把它處理掉，這個就相對的困難了。所以，要有作為，須在事件尚未開始的時候，就要去作為；要平治動亂，須在這動亂還沒有出現的時候，就要去平治。這也就是所謂的「掌握先機」，「先」就是「本」，要掌握本源，要有好的開始。

❖ 君子務本

君子務本，務本就是致力於本，《論語》學而篇，孔子的學生有子說了一段話：「其為人也孝弟，而好犯上者，鮮矣；不好犯上，而好作亂者，未之有也。君子務本，本立而道生。孝弟也者，其為仁之本與！」「弟」就是「悌」，孝悌就是孝順父母，友愛兄弟，一個人能做到孝悌的話，也就不會去犯上，就會守規矩。如果不冒犯上，就不會去作亂，就不會去為非作歹，所以君子不為非作歹的根本原因就是他孝悌，也就是這邊所謂的「君子務本」。

有子以孝悌為做人的基本道理。「君子務本，本立而道生。」這個「本」其實是指邏輯上的本。想要走到人生的正途上，最根本的條件是要「孝悌」，先不論現代人對有子這段有關孝悌、犯上、作亂這樣的邏輯推論，是不是完全贊同。但是至少我們應該能夠接受，在思考一件事情的時候，要去抓住最重要的基本概念，並努力去實踐。就像有子，在思考為人之「道」的時候，抓住了「孝弟（悌）」這個基本條件。

務本，也就是保住重要的本，如果失去「本」，就不可能保有「末」，這個道理非常清楚。末是次要的，不得已的時候是可以妥協、甚至放棄的。從有子這個例子裡面可能還看不清楚，我們再看《論語》的另外一段話，在顏淵篇。子貢問孔子如何治理國家。孔子說：「足食，足兵，民信之矣。」治理國家，要先讓老百姓吃的飽，要讓這個國家有抵抗外侮的能力，而且要老百姓信賴政府。子貢又問：「必不得已而去，於斯三者何先？」如果不得已要去掉其中之一，那是去掉這三個裡面的哪一個呢？孔子說「去兵。」子貢再追問：「必不得已而去，於斯二者何先？」如果不得已要再去掉一個，剩下兩個中又以哪一個為先呢？從子貢的層層追問中，也可以感受到孔子這個老師不好當。孔子的回答是：「去食。自古皆有死。民無信不立。」孔子把「民信」，視為是這三者中裡面最關鍵、最重要的。這邊，我們看到「去食」，然後又看到「自古皆有死」，大家不要誤會，以為孔子主張餓死沒關係。不是這個意思。「自古皆有死」，不是針對足食足兵而說的。「有死」是一個自然的終極現象，也是一個不可避免的結果。不論你的施政的順序是什麼，不可能讓大家都滿意，也不可能讓大家不死。但是民無信不立，政府一定要做一個讓老百姓能夠相信的政府。

我們可以試著把這個場景拉到現代，立法院在審國家的預算，發現錢不夠用，依照孔子的意思，國防經費這個可以先節省一點，國外進口牛肉、豬肉，這個可以節省一點，但是跟老百姓所做的共同的約定，絕對要遵守。比如說，勞保健保制度一定要堅持下去，答應公教人員的退休金，一定要如數的給。因為這是老百姓對政府的信賴。所以「民信之」很重要，民信之就是為政之本，如果失信於民，那就很危險。

《史記》商君列傳記載有「商鞅立柱」的史事。商鞅助秦國變法，後來秦國之所以能夠統一六國，商鞅之功不可沒。商鞅變法，制定富國強兵的新法令，但在新法令要公佈之前，想到一個問題，就是：如何讓老百姓對於政府的法令能完全相信並遵守？所以他先在市場中心，立了一個木柱，並貼出告示，說，誰能夠把這個柱子搬到城門賞十金。結果沒有人相信，認為是個騙局。第二天商鞅就把賞格增加賞到五十金，後來有人忍不住，姑且一試，結果輕易的就賺到了五十金。從此秦國的人民，對政府的威信大大的增強。

所以「民無信不立」這句話法家也講，商鞅是法家。不過，法家講的「民無信不立」是站在一個法的立場。孔子的儒家思想「民無信不立」，比較是從教育的立場來看。兩家在一些基本出發點上是是不同的，在後面的單元會再來分辨。

❖ 區分本末

《大學》裡有一段話，也非常精彩，說：「自天子以至於庶人。壹是皆以修身為本。其本亂，而末治者否矣。其所厚者薄，而其所薄者厚，未之有也。此謂知本，此謂知之至也。」天子以至於庶人就是指普天下的每一個人，修身則是一切的基本。所以從個人、齊家，到治國、平天下，都是以修身為「本」，沒有掌握好修身這個本，要說齊家、治國是不可能的。若說很重視這個本，但收到的效果卻很小，或忽視這個本，但是卻沒有什麼影響，這也是不可能的，所以說「其所厚者薄，而其所薄者厚，未之有也。」整段話都在強調「修身」，也在強調「知本」。人一定要「知本」，「知本」是「知」裡面的最重要的一件事情，所說「知之至也」。這與前面說的「知所先後，則近道矣。」是一個道理。

所以君子一定要知本，要能區分本末。一但區分本末，就可能有三種對待「本」與「末」的方式。第一種最理想，就是能「崇本舉末」，先抓住「本」，守住「本」，然後再針對「末」，針對這些細節，慢慢的完備起來。成語說「綱舉目張」，「末」其實也是有「末」的價值。不是說「魔鬼藏在細節裡」，或是說「天使藏在細節裡」嗎？「末」就是細節。但還是必須要把「本」先確立了，再去找那些天使或魔鬼。

其次是「重本輕末」。有時候我的資源不夠，那就必須把最重要的資源放在「本」上面。至於相對次要的「末」，就只好妥協，或者是放棄了。譬如說主持一個重要的會議，時間有限，當然是把最重要的議題拿來討論決定。至於次要的，若時間不夠就直接交辦給負責人，就不用在寶貴的會議時間裡，做這一些瑣碎的細節討論。這些都是可以理解的。

最糟糕的就是「捨本逐末」。沒有把握住「本」，或一時忘記了「本」，而去追逐「末」。從前有位將軍立下戰功，老王賞賜寶弓一只。以南山竹作胎，紫檀木為把，拉滿弓可射百丈遠。將軍十分喜愛。但又覺得美中有些不足，於是找工匠，在弓胎的裡裡外外彫刻了許多花鳥、蟲魚、山川、人物等精美圖案，以突顯寶弓的光采。將軍非常滿意，常携帶左右。後來在戰場，情況緊急，將軍在馬上反身抽弓拉滿搭箭便射。

不料寶弓應聲而斷。原來弓胎的組織被彫刻的花紋破壞，已不再強韌如前了。「捨本逐末」的後果大抵如此。

❖小不忍亂大謀

其實有許多情況雖然是知道「本」，但卻因一時情緒的影響而忘「本」，無法掌握「本」。例如二人合作共赴客戶處做一個關鍵性的簡報。到中途走岔了路。兩個人互相責難，爭吵起來，越吵越兇，不可收拾，其中一人憤而下車，分頭前往。結果原本應合作無間的訪談變成冤家相逢，氣氛極差，留給客戶一個難以挽回的惡劣印象。

兩個人合作，把簡報做好，爭取客戶的認同，這是「本」。走錯路沒有關係，耽擱一點時間，大家協調一下就可以了，這是「末」。道理人人都知道，但眼前一時的情緒，往往使人迷失了方向。自古便常是如此。孔子便曾說：「小不忍則亂大謀」在衛靈公篇。大謀是「本」，但卻因眼前小事的一時衝動，把握不住，而壞了大事。

所以君子不但要區分本末，而且要隨時提醒自己致力於本，並以此來調節自己的情緒。一旦掌握到自己的「本」，做事情就會很篤定，就不會慌亂。反之，如果掌握不到「本」，就會被周遭一些瑣瑣碎碎的事情所誘惑，所激怒，因而迷失方向。所以說知本、務本是一種修練。有人夫妻失和，有人在職場上憤而離職，有人為了小事和老朋友絕交，結果事後回想，其實都是為了一些雞毛蒜皮的瑣事。簡單的說，這就是缺乏知本、務本的修練。

有關情緒問題，在此再引用《中庸》上的一句話，《中庸》也是四書之一，傳說是孔子的孫子子思所著的。《中庸》說：「喜怒哀樂之未發，謂之中；發而皆中節，謂之和。」喜、怒、哀、樂這些情緒，其實是非常非常重要的，我們為一些小事而歡喜，這個無妨，但是我們為一些小事而憤怒，這個就有問題。人不是不能憤怒，憤怒有時可激發我們的鬥志。文王一怒而安天下之民，這個傳為千古佳話，但是為小事而憤怒就划不來了。我們如何把我們的喜怒哀樂調和到「發皆中節」，這就是一種修養。修養來自修練。務本就是一種修練，務本之前必須先要知本。君子知本，所以能夠見微知著，所以處理事務就能夠及早從根源處下手，事半功倍。君子知本，所以知道事情的輕重緩急，就不會為一些瑣碎的事情，影響自己的情緒及判斷。君子知本，所以知道自己人生最重要的價值是什麼，自己最關心的是什麼事，以及自己人生的目標，也就是自己的「天命」。能夠想通這些，回頭再看《大學》那句「此謂知本，此謂知之至也。」也就更能體會出其中的深意。

讀論語做自己

看

第四講

聽

第四講

✽ 金句選粹

．**君子務本，本立而道生。（學而篇）**

君子要致力於做人的根本。把握住了根本，人生的正途就會顯現出來。

．**物有本末，事有終始。知所先後，則近道矣。（大學）**

事物的重要性有根本及枝節之分，事件的發生從開始到結束也有一定的順序。能辨別事物的本末先後，就離人生的正路不遠了。

．**自天子以至於庶人，壹是皆以脩身為本。（大學）**

從天子一直到平民百姓，所有的人都一樣，都應以修身作為立身處世的根本。

．**為之於未有。治之於未亂。（老子）**

要在事情尚未顯露的時候就先去處理。在混亂尚未產生的時候就先控制住。

第二部

儒家文化

五、慎終追遠：血脈連結及社會傳承

「慎終追遠」是中華文化血脈連結及社會傳承的基礎，這四個字來自《論語》學而篇「曾子曰：慎終追遠，民德歸厚矣。」學而篇是《論語》第一篇。前面曾提及，第一篇是講最基本、最重要的事情，例如這一段話。「終」是指送終，「遠」是指遠古，「慎終追遠」就是謹慎地處理父母喪事，追祭遠古祖先。

「民德」的「德」字比較複雜，現代中文總是把「德」當作倫理道德來解釋。但是在先秦時代，「德」通「得」，「德」有「得之在內」之意。上天給我的天賦，或者修練有所得而內在於我的，都可以稱作「德」。所以性格、風格都可以稱作是德。民德就是內在於人民的，用今天的話來說就是社會風氣。「民德歸厚」就是指社會風氣歸於厚重、安定。「慎終追遠」與「民德歸厚」之間有因果關係。父母祖先是我們的

「本」，一個族群若能「慎終追遠」，永懷過世的父母與祖先，就是不忘本，並且在心靈上有所寄託，因此社會風氣就會安穩、厚重，這是合理的推論。但若要進一步探討此中的關係，就涉及孝道、送終以及祭祀等，這一切又要從孝順父母開始。

❖ 孝順父母

「孝順」在華人世界裡，應該是人盡皆知。孝順就是敬愛、侍奉父母、討父母歡心。《論語》裡有許多關於孝順的話，例如說「父母在不遠遊，遊必有方。」在里仁篇；「父母之年不可知也，一則以喜一則以懼。」在里仁篇。類似的話還有很多。今日來讀，要順應時代變遷，因為孝順的標準，現代社會的生活方式，與古代還是有區別的。但不論時代如何變遷，古今中外關於父母與子女的關係，仍是有些普遍性可以討論。

首先要強調父母疼愛子女是天性。父母如果不照顧、不疼愛子女，那就違反自然規律。這可以從演化的觀點來看，人類在幾百萬年的演化過程中，如果有一個族群，父母不照顧、不愛護子女，這個族群就會絕滅。因為人類至少要到十歲以後，才有辦法獨立生活，前十年一定是靠父母照顧。不單是人類如此，禽獸也是如此，如果老鳥不養育小鳥，小鳥無法存活；老貓不照顧小貓，小貓就會餓死。所以，父母疼愛子女、照顧子女，是天性，違背此天性的族類就會絕滅，這是大自然的法則。

但是子女孝順父母，就未必完全是天性了。其中當然有天性成分，例如，看到父母流血或是聽到父母喊疼，覺得不忍心、很不安。我們小時候渴望父母的愛。即使年紀大了，看到父母偏愛其他兄弟姊妹，還是會覺得蠻難過的，這都是天性。但是從另外一個角度來看，如果有個族群，子女成人後都不照顧父母，這個族群就會絕滅嗎？不會。從自然的演化角度來看，子女要照顧父母，天性中的成分並不大，子女孝順父母，有相當大部分是來自後天的教育，是文化的一部分。

孝順是需要教育的，教育的方法就是以身作則。在古代，每個家庭都要孝順父母，同時是給後代做榜樣。不單如此，國君也要孝順父母給國民看，這是文化傳承，也是家庭教育的傳承。與其抱怨子女不孝順，或許自己更應該展現出孝順的典範給子女看。至於孝順的典範是什麼？每一個人有自己的標準跟想法。不過，就本義言之，現代人即使不能夠承歡膝下，也應該和父母和睦相處，至少要關心父母，問候父母。

這裡所謂的「應該」，就有道德的成分。前面提到「德」是內在，「道德」就是內在的要求，要求我們去走正路。「道德」和「應該」，可以畫上等號，我覺得我應該怎麼做，就是我的道德。這裡的應該，是一個選擇，我應該這麼做，而且我選擇這麼做，那我就符合道德。但是如果說：「你應該選擇這麼做。」那就變成道德教條，就變成規定。「道德」是自我要求，「道德教條」是對別人的要求。意思上是不一樣的。

❖ 孝道與血脈傳承

中華文化中把孝順擴大為孝道。《論語》為政篇說：「子曰：生，事之以禮，死，葬之以禮，祭之以禮。」孝順不只是事奉父母，還包括父母的喪禮以及祭禮，擴大了「孝」的內容。

中國的十三經裡面的《孝經》，據說是曾子寫的。他說：「身體髮膚受之父母，不敢毀傷，孝之始也。立身行道，揚名於後世，以顯父母，孝之終也。」我們聽到「身體髮膚受之父母，不敢毀傷。」想到是不是不要去剪頭髮、剪指甲？當然不是這個意思。這裡說「身體髮膚」，身體是本，髮膚是末，用髮膚來形容身體的細微處，重點還是在身體。因為身體是父母給的，所以要珍惜，要是把身體弄壞了，父母難道不會傷心嗎？不要讓父母傷心，是孝道的開始。

《論語》先進篇裡面記載了一段故事，可以與此呼應。孔子周遊列國的時候，遇到很多戰亂，有一次顏淵（顏回）走失了，過了好幾天都沒有回來。後來顏淵終於安全回到孔子身邊，孔子很激動地說：「我以為你死了！」顏淵回答說：「子在，回何敢死？」老師在，我顏回怎麼敢死啊？這個敢和「不敢毀傷」的敢，是相同意思。為什麼？因為我死了？老師會傷心。更重要的是，我若死了，就會辜負老師對我的期望。

接著，「立身行道，揚名於後世，以顯父母。」此所謂「光宗耀祖」，光宗耀祖也是孝道的一部分，是孝道的完成，故稱「孝之終也」。《孝經》也說：「夙興夜寐，無忝爾所生」。「夙興夜寐」就是早晚努力，勤奮不懈。我之所以如此敬慎努力，是因為「無忝爾所生」，不要愧對生我的父母。

以上把對父母的敬愛與事奉，擴大到對自己的身體、言行，乃至一生的功業及名聲，都要考慮到父母。不要讓父母傷心，不要辜負父母的期望，要讓父母以我為榮，這都屬孝道的一部分。孝道是中華文化的核心概念，用孝道來擴大自己生命的意義。從單純的孝順父母，昇華轉化為重視自己的身體、生命、及名譽。並藉此孝道，建立有道德的社會。此再次提到「道德」二字，道德是我內在的要求，要求自己去做我應該做的事。

盡孝道還包括處理父母的喪事。《論語》子張篇中，曾子曾經聽孔子說過：「人未有自致者也，必也親喪乎！」「自」就是自己，「致」指極致，「自致」就是真情流露到極致。人對於自己的情緒有時候會遮遮掩掩，但是在自己的父母過世時，在喪禮時，再也沒有辦法克制自己的情緒，就會真情流露。喪禮就是藉著儀式以感念父母養育之恩，並盡哀傷之情。因為和最親密的人——我的父母，永別了，這種哀傷的情緒，只有過來人才知道。有些朋友在父母過世很久以後，才有勇氣去整理父母的遺物，因為充滿了感傷與懷念。

孝道不只是孝順父母，重視自己的生命及名譽，以及謹慎的辦理父母的喪事，還包括死後的祭祀。在古代，祭祀對象包括了祖先、鬼神以及祭祀天地。人死為鬼，所以祖先也就是鬼。山川有神，傑出人士在死後所變的鬼，可以化身為山川之神，天地更是鬼神裡面地位最崇高的。這些是古代的宗教信仰，且不去深究。

❖祭祀

古代，天子祭天，諸侯祭祀山川土地。不論天子、諸侯或是平民，一律都祭拜自己的祖先。《論語》八佾篇說：「祭如在，祭神如神在，子曰：『吾不與祭如不祭。』」「祭神如神在」意思容易懂。「吾不與」就是我不贊成，不贊成身體在那邊好像是在祭祀，其實心根本不放在祭祀上。不論是祭天、祭神、祭祖先，都是同樣道理。因此在掃墓或祭祖時，就好像死去的父母或祖先活過來，在自己身邊一樣，才算是合於孝道的祭祀。

筆者父親過世後，在臨濟寺安放牌位，逢年過節帶著祭品去祭拜，只是把祭品擺擺，燒柱香，鞠個躬，就走了。後來讀到《論語》「祭神如神在」，就嘗試著在祭拜時，默默和父親交談，彷彿他就在我的面前。那時候父親的音容笑貌就會出現，祭拜的結果也非常不一樣。所以「祭神如神在」對於祖先和我之間關係的建立，是非常有意義的。

此外，孔子在為政篇也說：「非其鬼而祭之，諂也。見義不為，無勇也。」前句說，不是我的祖先，我去祭拜，叫做諂媚。後句說，見到該做的事情不去做，就是無勇。前句在說「去做不該做的事」，後句則是「沒有做該做的事」，兩句話有相當的對比性。在此藉著孔子這句話，略略討論鬼神與我之間的關係。鬼神存在於超越界，是沒有辦法感測，沒有辦法用經驗去認識的。我們對於鬼神的認識，大多是藉於宗教。雖然我們對於鬼神的認識不是很確切，但是一旦相信它存在，它就會和我們發生關係。

世間有些現象，沒有辦法解釋，也沒有辦法推論，有時候我們就把它歸之於超越界，歸之於天地鬼神，並藉助宗教來說明。而祭拜祖先是不是一種宗教信仰呢？與其說是宗教信仰，不如說是情感的寄託。因為祖先的的確確存在，但父母祖先死後鬼神的世界，卻是我們無法認識的，只能託付給宗教。不過，我們在祭拜祖先時，未必是對祖先提出要求，更多時候只是單純地想和祖先建立情感關係。就像在掃墓時，與其說是向祖先祈福，不如說是和祖先取得情感聯繫。

俚語說「有拜有保庇」是有條件的。「非其鬼而祭之，諂也。」不是自己的祖先不要去拜，不是我信仰的神，就不要去拜。否則，信仰就沒有意義了。這種「拜」就有欺騙的性質，鬼神難道可以被我們玩弄、欺騙的嗎？

在此，進一步來討論什麼是「迷信」？我可以不拜別人的神，但是我也不好說別人拜的神是迷信。那麼什麼是宗教迷信呢？凡是我理性可以解釋的，在經驗世界中的知識可以解決的，但是我卻放棄這些理性和經驗，去求助不可知的事情，就有迷信的成分。例如，有位師父說他提煉出神水能治百病，假設我胸痛、胸悶去看醫生，醫生建議裝支架可以解決，我卻不裝，堅信喝神水可以解決，這就有迷信的成分。假設，我胸痛胸悶找醫生，醫生卻束手無策，我無奈地只好去喝神水，這是「病急亂投醫」，但算不算「迷信」，就很難說了。

❖ 文化傳承

在此用「報本反始」四個字總結「孝道」。「報本反始」出自《禮記》，「報」是回報、回應，「反」是回返；「本」和「始」都是指父母祖先，「報本」和「反始」的意思接近。父母祖先就是我生命之所以存在的根本，所以要回應，要回報。前一單元提到「君子務本」，君子知道自己的「本」在何處，並且真誠對待自己的根本，心懷感激，此君子之所以要「報本反始」。

從企業界也可以看到類似「報本反始」的精神。創業家創立企業的理念，就是企業的本。企業在發展的時候，「報本反始」的精神，會把對創業精神的尊重及繼承，反映到企業的長遠願景上。許多企業會把創始人的肖像或佳言語錄放在醒目的地方，以示對創始人的敬愛與懷念。這就是「報本反始」精神在現代企業經營上的意義。

藉著親情和孝道，讓家族血脈相連成一體，榮辱與共，是孝道在中華文化中的特色。因為孝道而產生出道德的力量，在世界文明中是很特殊的。現在人常問：「為什麼要做好人？為什麼不能做壞事？」答案可能是：因為怕法律制裁。在西方還有宗教的力量，人人想上天堂，如果做壞事，怕將來下地獄，上不了天堂。但是在中華文化圈，做對的事是為了要對得起的父母、對得起的祖先，要「無忝爾所生」，不能讓家族蒙羞。中西對比，孝道是中華文化中非常大的特色。

讀論語做自己

看 第五講

聽 第五講

✿ 金句選粹

・**慎終追遠，民德歸厚矣。**（學而篇）

一個社會，若都能敬慎處理父母的喪事，並追祭遠古的祖先。這個社會的風氣就會敦厚而且安定。

・**身體髮膚，受之父母，不敢毀傷，孝之始也。立身行道，揚名於後世，以顯父母，孝之終也。**（孝經．開宗明義）

我的身體及生命是父母給的，一定要自愛、自重、好好珍惜，不要讓父母傷心。這是最基本的孝道，孝道也就從這裡開始。我用父母給我的生命，奮發自強，遵循道義，並有所成就，使父母及自己的名聲能傳揚於後世。這就是孝道的終極目標。

・**祭神如神在。**（八佾篇）

祭拜必須虔誠，就好像所祭拜的對象就親臨在現場。這樣的祭拜，才會有意義。

・**非其鬼而祭之，諂也。**（為政篇）

不是自己的祖先就不要去祭拜；不是自己信仰的神，就不要去祭拜。否則就只是諂媚，只是一種欺騙。欺騙鬼神，鬼神會不知道嗎？

六、為政在人：儒家的治國要領

「為政在人」是儒家治國的關鍵要領。「政」指政事，治理之事，是統治國家，管理人民的事情。《論語》為政篇，孔子對治理國家之事提出了非常重要、非常深刻，甚至帶有神秘氣息的一句話，孔子說：「為政以德，譬如北辰，居其所而眾星共之。」前面曾經提及「德」字不能夠只當做道德來講，德是一種內在的氣質、風格、品德、或者是能力。「為政以德」指為政最重要的是當政者內在要有「德」，要有值得效法的品格及風範。「北辰」是北極星，「眾星共之」的「共」是「拱」，拱手以表示尊敬。在天文學上，北極星的位置是固定不動的，北斗七星隨著季節的變化，繞著北極星轉，一年轉一圈。不單是北斗七星，天體眾星都是繞著北極星，一年轉一圈。「譬如北辰，居其所而眾星拱之。」是非常生動的譬喻，意指當政者如果內在有德，臣民就會像天上的星星，非常有秩序地繞著北極星轉。

❖ 為政以德

為什麼會這麼說呢？其中有很深刻的道理。簡單地說，當政者若能為民表率，做一個好榜樣，就會上行下效，進而潛移默化，可以感化周遭的人，起了教育的作用。

既然說「譬如北辰，居其所而眾星拱之。」北辰當然就是中心，代表國君或代表國君執政的大臣，是領導人、領導中心。眾星就是臣民，是追隨者，圍繞在中心四周的人。這裡有君有臣，有領導者、有追隨者。君臣上下要如何相處呢？孔子也曾說：「君使臣以禮，臣事君以忠。」在八佾篇，禮就是尊重，忠就是盡心。禮與忠，尊重與盡心，都有共通的基礎——「誠」。如果缺少了真誠，禮跟忠就變成形式，沒有實質上的意義。

進一步來看，若北極星象徵國君，眾星象徵眾臣，臣子當然都是國君選拔出來的。「眾星拱之」不會是自然形成，是領導人適當選拔人才的結果，因此「眾星拱之」的前提是選拔適當的人。

❖ 為政在人

「為政在人。取人以身。脩身以道。脩道以仁。」此出自《中庸》。「身」是指自身，選拔人才是靠此人本身的言行，而不是靠他人的推薦，或家族的名聲等，端看這個人的真材實料。所以說「取人以身」，選拔人才要看這個人自身是否賢能。至於被選拔的人才，則必須「修身以道，修道以仁。」道就是正途，是正當的方法。被選拔的人必須依正道來修練自己，所以說「修身以道」。正途、正道的最終的目的是「仁」。「仁」在孔子的學說裡，有非常深刻且重要的意義。簡單的說，「仁」就是愛人，善待他人。行「仁」政是儒家為政的最終目的，為政選才的最終條件端看是否有能力行「仁」，所以說「修道以仁」。

明白上述意思後，再看「為政以德，譬如北辰，居其所而眾星共之。」含義當然就更豐富。想要行仁政的國君，自己內在有仁德，並能選拔出有能力行仁的臣子，在國君「仁民」的理念感召之下，自動自發，很有秩序地推行國君的仁政，這是儒家最高的政治理想。

雖說為政在人，要選拔賢能，但能真正付諸實踐，卻不是一件容易的事。因為每一個人的性格、作風、能力都不一樣，適合做這個的，未必適合做那個。《論語》憲問篇就有個例子，孔子說：「孟公綽為趙魏老則優，不可以為滕薛大夫。」孟公綽是一位跟孔子差不多年代，比孔子略早的一位賢人，這個人的行事穩重，而且淡泊寡欲。趙家和魏家都是當時晉國的巨室，是很有權勢的貴族。藤國和薛國當時是兩個非常弱小的小國。孔子的意思是，孟公綽的為人，做為一個大國的權臣是非常好的，因為他穩重而且寡慾，但是做為一個小國的大夫，就有問題了。因為小國在列強的夾縫中生存，所以小國的大夫必須要機靈應變，處理各種危機狀況，所需要的才幹就不是穩重寡慾所能解決的了。

從這一段話，可知孔子對於「知人善任」的重視，選才與用人，要能同時把品德與能力都列入考慮。品德當然是第一，如果沒有品德的話，能力再強也不能信賴。但是有時因為需要一個人的才能，明知道他的品德有問題也必須任用，那就只能靠謹慎計算、監督，並小心防範了。所以為政在人，但在用人之前，必須知人。要知道一個人的操守如何，能力如何，長處以及短處如何。知人是用人的前提，那麼如何知人呢？

❖ 知人與知言

孔子認為「知人」必須從「知言」開始。《論語》堯曰篇，孔子說：「不知命，無以為君子也。不知禮，無以立也。不知言，無以知人也。」在第二單元曾讀過「不知命，無以為君子也。」現在再來看「不知言，無以知人也。」是《論語》最後一則的最後一句話，非常重要，意思也非常明白。如何知言呢？孟子倒是對做了比較詳盡的描述。

孟子說：「詖辭知其所蔽，淫辭知其所陷，邪辭知其所離，遁辭知其所窮。」「詖辭」指偏頗的話，如果一個人講話偏頗，就可以知道這個人看事情不夠全面性。「淫辭」就是話很多，如果一句話反覆一直說，可見這個人思想陷到某個地方出不來了，只好反覆一直說。「邪辭」是離開正路的話，一個人說一件事情，說著說著就說到別處了，偏離了主題，顯見他看事情沒有看到重點。「遁辭」是逃避的話，面對問題沒有辦法答覆，就講別的事情，就是遁辭。從遁辭中知道他碰到了困難，是他的弱點。

從孟子這一段話中，可以發現在聽別人的說話時，的確是可以從對方的話語中發現問題。例如說，有些人講話都是一些場面話，或是講自己都不懂的話，或是作泛泛空談。這就讓人知道，他對這個問題其實沒有什麼見解，只是在應付敷衍。

孟子接著又說：「生於其心，害於其政；發於其政，害於其事。」意思是指言詞是從心裡面生出來的。所以聽他的言詞，就知道內心想法。如果言詞有問題，那思想就有問題，如果思想有問題，就會妨礙到他的施政。更進一步，如果他從有問題的思想當中去施政，就會妨礙到事情的推動或解決。所以孔子說的沒錯「不知言無以知人也」。言為心聲，我們從一個人的言談中，可以知道他的心裡的想法，以及做人做事的長處、短處及能力所在。

除此之外，孔子也說：「君子欲訥於言而敏於行。」在里仁篇。「訥」與「敏」是相對，訥是比較遲鈍，敏是比較敏捷。「君子欲」的「欲」字很重要，君子想要在言詞上慢一點、保守一點，但是希望自己的實踐力要很快、很強。所以並不是說一個人講話很厲害，就等同於行動力很厲害。君子反而希望自己說話沒有那麼漂亮，但做事非常實在。

孔子又說：「視其所以，觀其所由，察其所安。人焉廋哉？人焉廋哉？」在為政篇。「廋」是隱藏。我們想要看清楚一個人，就要「視其所以，觀其所由，察其所安。」就是說要認識一個人，要觀察他做事的動機，也就是「所以」，以及看他做這些事情的方法，也就是「所由」，最後最重要的是看他的目的或結果，也就是「所安」。藉由原因、行動、以及目的的觀察，一個人的言行能力就會非常明白顯示出來。

綜合孔子的「知人術」：先從言語中觀察他的條理，再從言語和行動中，確認此人能否言行如一。進而，從他做事的原由、行動及結果中，去觀察一貫的行事風格及能力。

❖ 修己以安人

回到「為政以德」，為政最重要的就是修德，修練自己，使自己成為臣民的典範。孔子不是孤立地講這句話，他在《論語》其他地方也有類似說明。《論語》憲問篇記載：「子路問君子。子曰：脩己以敬。曰：如斯而已乎？曰：脩己以安人。曰：如斯而已乎？曰：脩己以安百姓。脩己以安百姓，堯、舜其猶病諸。」

子路問孔子：「要如何成爲君子？」孔子回答：「修己以敬。」君子要用「敬」來修練自己。「敬」就是敬慎、專一，內心很專注、很慎重。子路認為這個答案太簡單，所以再問：「這樣就可以了嗎？」孔子進一步回答：「修己以安人。」「修己以敬」

再往前進一步就要「修己以安人」，「安人」就是安頓或安定周遭的人。子路還不滿意，再追問：「這樣就可以了嗎？」孔子又說：「修己以安百姓。」再下一步就是修練自己以安定天下百姓。「百姓」現在認為是一般民眾，但在古代，一姓就是一家，百姓就是百家，意指很多族群，也有人說百姓就是百官。無論如何，百姓就不只是我周遭的人了，而是擴大範圍，指所有的人。若我能「修己以安百姓」，等於是做到君子的極致。所以孔子也說：「堯舜其由病諸」。堯舜是孔子心目中的聖人，就算是堯舜，就算是聖人，還擔心自己做不到極致的地步。由此可知，子路一路追問，孔子也一步一步回答，但是所有的施政都是從自己開始，自己做君子，修己以敬，進一步修己以安人，再進一步修己以安天下百姓。

前面單元也談到《大學》說：「自天子以至於庶人，壹是皆以脩身為本。」所以治國平天下，要從修身開始。現代人總是會問：真的嗎？一個領導人修己就可以安定眾人嗎？會不會太理想化，太樂觀了呢？甚至說，太天真、太一廂情願了呢？

兩點補充解釋：第一，「修己以安人」是就「本」來說的，「修己」是「本」，是必要條件。「修己」是否就能「安人」，是不是還需要配合其他條件，有待討論。但如果沒有「修己」，那「安人」必定會有問題。這是儒家基本觀點。第二，「修己以安人」是就發展的可能性而言，真正要追究「修己」何以能「安人」的根本原因，答案還是在「人性」之中。有關人性的討論是儒家非常重要的課題，後面的單元還會做更詳細的考察。

❖向孔子學領導

近來有一些學者也提出一個「中國式管理」的說法，這個議題當然也引起一些爭議，這裡未做深入研究，也不敢多談。但是現代經營管理涉及到許多對於生產、銷售、財務、研發、人事之計畫、控制、監督等問題。這些管理方面的技巧和方法，許多都有賴於妥善的籌劃及利弊得失的與計算。孔孟儒家講究的是真誠、修身、人倫這類的事，卻非以謀略或計算見長。

石滋宜先生晚年讀《論語》很有心得，寫了一本書，書名就是《向孔子學領導》。他沒有說「向孔子學管理」，這可以說是石先生的真知灼見。因為孔子的教誨，在領導統御方面，的確有相當的啟發性。孔子教導我們，首先就是修練自己，要真誠、要自重、要務本，要做君子。然後要知言，要知人善任，並且能以身作則，使身邊的人信服。經由這些，自然就可以把握住孔孟儒家「為政以德」、「修己以安人」的領導風格。

為何「修己」就可以「安人」？這其中道理仍有相當多值得進一步檢驗及討論的地方。儒家「性善」之說是一個重要的理論依據，這個容後再來論證。目前至少可以接受的概念是：領導者修練自己的德行，以身作則，潛移默化身邊的人，能得到追隨者的信任，再加上知人善任，這就是儒家的領導風格，其中並不涉及謀略及盤算。

讀論語做自己

看 第六講

聽 第六講

・為政以德，譬如北辰，居其所而眾星共之。（為政篇）

當政者如果內在有德行的話，那麼臣民就會像天上的星星繞著北極星轉那樣，心向著領導人。並以領導人為中心，非常和諧且有秩序

✲ 金句選粹

地運作。

・**為政在人。取人以身。脩身以道。脩道以仁。（中庸）**

領導人最要的，就是要能適當的選拔人才。選拔人才是要看這個人本身的言行是否賢能，是否有真材實料。要賢能就必須修練自己，使自己的言行能符合正道。要修練自己符合正道，就必須力行仁愛，才能走在人生的正道上。

・**脩己以安人。（憲問篇）**

用敬慎來修練自己，使自己能對人恭敬，處事專注。修練好自己，自然就有能力來安頓周遭的人。

・**視其所以，觀其所由，察其所安。（為政篇）**

要判斷一個人的言行能力，就是去觀察他所做的事情。去看他做一件事情的原因，以及看他做這件事情的方法，更重要的是，看他做這件事情的結果。藉由原因、行動、以及結果的觀察，一個人的言行能力就會非常明白的顯示出來了。

七、郁郁乎文哉：從周公到孔子看中華文化傳承之美

「郁郁乎文哉」這句話出自《論語》八佾篇，孔子說：「周監於二代，郁郁乎文哉，吾從周。」「監」今寫作「鑑」，就是鏡子。「二代」指的是夏代與商代。「周監於二代」是指周代以夏代及商代為鏡子，省思並照見自己。「郁郁乎」是形容草木茂盛、香氣濃烈的樣子。「文」是文采、裝飾、美化，是指人類脫離原始與野蠻，發展出文明社會。整句話意思是：周代參考了夏代及商代的文化，然後發展出自己非常燦爛的、香氣濃郁的，有文采的周文化。這文化是孔子所欣賞的。因此孔子說：「吾從周」，我嚮往此周文化，我願意追隨此周文化。

儒家有一個道統之說，認為中華文化裡有個道統傳承，這個道統來自堯、舜、禹、湯、文王、武王、周公。堯、舜是古代的聖王，聖王是指有大功於天下萬民的王。禹就是夏禹，是夏朝的始祖，湯就商湯，是商朝的開國之君，禹和湯就代表了夏與商。文王與武王開創了周朝，周公是文王的兒子，也是武王的弟弟。周朝燦爛的文明，承襲了堯、舜、禹、湯，歷經文王、武王，在周公手上完成了奠基的工作。孔子就是繼承周公所承襲並開創的周文化，並繼續發揚下去。

這裡提到夏、商、周三代。夏代因為太遙遠了，關於夏代的事大多只是傳說，缺乏具體的事證。現在中華文化中，從夏代留下來的大概只有曆法，也就是陰曆。相對的，商代就留下較多文物，例如甲骨文以及一些出土器物等。周朝的文字、冶金、馬車製造等技術，許多是從商代就流傳下來的，甚至流傳至今。現在中華文化中的重要成分，例如宗法、禮教、五經、四書、諸子百家等，主要都是在周代。所以周代文明是因襲夏代與商代，去蕪存菁，集其大成。

❖ 周公的人文轉向

那麼周代燦爛的文明又是出於何人之手？在此首推周公，也就是文王的兒子、武王的弟弟。周公約是三千年前的人物，是周代文明主要的創建者，創立了周朝的開國典章制度，包括制禮作樂。有了禮儀和音樂，人類的文明就彰顯出來，言行舉止就有一定的規範，不再全依動物本能來行事。

周公也提倡「尊尊」與「親親」。「尊尊」就是尊敬尊者，「親親」就是親近親人。有尊尊概念，就要區分尊卑，區分尊卑是「禮」的非常重要的功能。親近親人就要區分血緣的親疏遠近，所以人與人之間的交往，依著血緣的親疏遠近而有區別。這也形成了中國社會特有的家族或是宗族制度。尊尊、親親，加上禮樂，基本上是周公所設定的治國策略。

除此之外，周公也提倡人文思想，把國家的興亡或是社會的治亂的原因，從天上拉回到人間。重視人間，敬鬼神而遠之。這與商代有很大的不同的。《禮記》說：「殷人尊神，率民以事神，先鬼而後禮……周人尊禮尚施，事鬼敬神而遠之。」「尊禮尚施」指尊重禮節，崇尚實踐。禮節與實踐都是人間的事，所以「事鬼敬神而遠之」，敬事鬼神，但也與鬼神保持距離。因為國家興亡治亂的根本原因在於人，而不在事奉鬼神。

《尚書》是五經之一，也是中國最古老的經典之一，《尚書》裡保留了許多周公說的話，其中有一句就是「天命不易，天難諶。」「天命」就是奉大之命，依「天命」之說，周之所以可以得到天下，是因為老天的心意如此。但是周公認為天命並不容易維持，隨時都會變。故言「天難諶」，天意不足以信賴，因為隨時會變。

周公的想法與商朝的人有很大的差別。商朝帝王認為自己是上天命定的，統治天下的帝王，而天命是不可以改的。但是「天命不易」徹底否定了商朝的「帝王永遠命定」的思想，天命隨時會改，不易維持。上天要把天命給誰，是要看誰能治理好天下。所以治理國家的責任是在自己，不能依賴上天。既然如此，那麼應該如何治理國家呢？周公又說：「明德慎罰，不敢侮鰥寡。」要彰顯自己的德能，謹慎的處罰不服從的人，絕對不敢去欺負鰥寡，就是比較弱勢的人。把統治國家的責任，回到當政者自己，統治者必須要善待人民。

❖ 孔子仰慕周公

前面說「吾從周」，孔子從周，意指「我願意追隨周公」。孔子非常尊崇周公。孔子本身是教育家，教了非常多的學生。他的教學內容主要就是詩、書、禮、樂，「詩」

是《詩經》、「書」就是《書經》，或稱《尚書》，都是周公所留下來的或所提倡的。

在《論語》雍也篇，孔子說了一段頗堪玩味的話，孔子說：「齊一變，至於魯。魯一變，至於道。」孔子在年輕的時候曾經隨著魯昭公到齊國去見齊景公，與齊景公談了治理齊國的事情。當時的齊國靠海，相對於魯國，文化比較落後。魯國是周公後代的封地，有非常豐富的周公文化。孔子這句話是指：治理齊國，要做一些改變，引進更多的周公文化，使他像魯國那樣。像魯國之後，再做改變，最後要像周公開國時期，也就是所謂的「道」。而這個「道」就是是周公之道。

由此可見，孔子年輕時候，對於周公之道有多麼的景仰。孔子到老年的時候也說：「甚矣吾衰也！久矣，吾不復夢見周公！」在述而篇。「不復夢見周公」是一個感嘆。這個感嘆有兩種意思：第一，是我已經老了，再也沒有從前的雄心壯志，想要推動周公之道來安定天下了。從另外一個角度來看，也可以是孔子自己覺得年紀大了，思想也比較成熟，有自己的想法了。現在天下的形勢已經改變，周公之道未必可行，所以就不再夢見周公了。可見，孔子晚年的時候，思想已經有些改變，有更成熟的想法。

❖開創平民教育

孔子繼承周公而開創自己的想法的內容是什麼呢？可分下列四點說明：第一、推廣平民教育。孔子離周公的時代將近五百年，天下形勢已經起了變化。孔子說：「天下有道，則禮樂征伐自天子出。天下無道，則禮樂征伐自諸侯出。」在季氏篇。

孔子所處的春秋時代正是天下無道的時代，天子失德，禮壞樂崩，周天子已經沒有力量來維持天下秩序，諸侯彼此互相征伐，周公所定的禮樂制度，也沒有人要遵守。尊尊、親親的貴族世襲制度也面臨的考驗。在征伐兼併的情況下，許多國家就滅亡了，對祖先的祭祀也斷了。這些國破家亡的，或者失勢沒落的貴族子弟，被迫流落到民間。孔子的父親就是宋國失勢的貴族，流落到魯國。如此巨大的社會變化，也為孔子的平民教育提供了時代的背景。原來可以受良好官方教育的貴族後代，流落到民間，沒有機會受教育了。孔子又願意以私人身分舉辦平民教育，讓原來只有貴族可以享受的詩書禮樂等教育，得以在民間傳授。這是一個非常大的突破，因為平民可以受詩書禮樂的教育，就代表平民也可以憑著本身的所學，來從事政事，輔佐君王，治理民眾。

在《論語》述而篇，孔子說：「自行束脩以上，吾未嘗無誨焉。」這邊的束脩，有些人把它解釋成肉乾，說只要送上肉乾，孔子就會教你。但是這個可能有問題。這邊的「束」應是指束髮，古代的童子，十四歲之前「長髮垂髫」，到十五歲就要把頭髮紮起來。束髮就是滿十五歲。「脩」今寫作「修」，就是是整修儀容。「自行束脩以上」就是滿十五歲，自己整修好儀容，前來見我。那我沒有不願教誨的。也就是說，一個人只要肯學，只要年紀可以離開父母了，孔子都願意收做學生。我們說「有教無類」，就是在指孔子平民教育的精神。在此特別說明，古代沒有上學、放學的觀念，跟老師學習，意味著要和老師住在一起，一起生活，所以能「離開父母」是很重要的。

❖承禮啟仁

孔子的第二個傳承與開創，就是把周公的禮樂內化。孔子說：「禮云禮云，玉帛云乎哉？樂云樂云，鐘鼓云乎哉？」在陽貨篇。玉和帛，是在祭祀禮儀上，所要祭獻的重要物品。鐘和鼓，是在祭祀行禮奏樂時的重要樂器。周公制禮作樂，難道「禮」就只是獻玉獻帛嗎？難道樂就只是敲鐘敲鼓嗎？孔子在這裡提出了非常深刻的問題，就是要去尋找周公制禮作樂的「禮」和「樂」的根源是什麼？

孔子在八佾篇又說：「人而不仁，如禮何？人而不仁，如樂何？」明顯地把禮樂的根源歸到「仁」──仁愛。這個問題是指：如果禮是行為的規範的話，為什麼人要守這個規範呢？如果音樂只是陶冶人的性情，為什麼我們不獨自一個人欣賞音樂，而要和大家一起欣賞音樂呢？為什麼獨樂樂不如眾樂樂呢？如果我們去追究這些問題，就會發現到禮和樂，其實還有一個存在於內心的根源。這個根源，孔子認為就是「仁」──因為內心想要善待他人，所以會禮敬他人。也因如此，我們會說孔子是「承禮啟仁」，繼承了周公的禮儀，卻又把形式上的「禮」，更深化為內心的「仁」。把禮從外在的規範，演變為內在對人的誠敬與尊重。

孔子的第三個傳承與開創，就是提出了「仁」這個概念。「仁」就是仁愛，就是關懷他人，善待他人，為他人好。或者說「以人為目的」。我們想對一個人好，不是在盤算對他好於我有什麼好處，而是我本來就想對別人好，對別人好就是我的目的，這就是「仁」。而這個仁心，就在我們自己的內心裡面。孔子在述而篇說：「仁遠乎哉？我欲仁，斯仁至矣。」要仁愛，要對別人好，這個不用別人規定，不用別人叫我一定要這麼做，我自己向內看，向自己的內心去尋找，就會找到，自己內在就有那份仁愛的心腸，這個仁愛之心就在我身體裡面，我要他，它就出來了。所以說，「我欲仁，斯仁至矣。」

❖人本思想

孔子的第四個傳承與開創，就是把周公的人文精神，再往前推出以人為本的觀念。《論語》鄉黨篇記載：「廄焚，子退朝，曰：傷人乎？不問馬。」孔子家中的馬廄失火了，他從朝廷回家，聽到這個消息，只問說：「有沒有人受傷？」但是沒有問馬怎麼了。因為孔子關心的是人，是人的生命，所以我們說，「以人為本」，儒家關懷的重點，始終在「人」，在人間。這並不是說儒家就不關心動物，不關心大自然。而是說儒家對動植物，對大自然的關心，是立足於「以人為本」的基礎上。

孔子在為政篇也說：「三十而立，四十而不惑，五十而知天命。」天命這個字，我們在一開始的時候有提到，商王本來是有天命的，後來周王繼承了商的天命。但是，周公認為，天命不可靠。統治者應該要靠自己努力，而不是靠天命。這個時候所謂的天命，都是指天下的歸屬，所以只有帝王有天命，只有天子有天命。但是孔子這邊所說的「五十而知天命」不一樣，孔子對「天命」作了一個全新的解釋。孔子自己有自己的天命，所以可以「知天命」，不只孔子，你和我，每一個人，也都有自己的天命，這是一個非常非常大的突破。在商代，天命是老天給帝王的，給哪個人，那個人就當天子。到了周公，他說，天命要給誰當天子，是要靠個人來努力的，如果你不努力，老天爺就把天子給別人做。到了孔子徹底的改變的這個想法，每個人都有天命，每個人都是獨一無二的，上天給每一個人的生命一些使命，這就是天命。至此，人的生命及尊嚴，就完全的挺立出來了。

❖ 孔孟思想不是禮教吃人

所以孔子繼承了周公禮樂教化，並開了儒家一脈。儒家非常重視人的內在，以人為本，並且重視人的主體性。這就成爲中華文化的主流，以及儒家所以獨特的地方。孔子也將周公外在的禮儀轉換為內在的誠敬，最後成爲主體內在的，由內而發的一個動力，就是行仁，就是要愛人，要善待他人，要以人為目的。並因此而突顯出人的價值，這也是孔孟儒學最寶貴的地方。

可惜的是在帝王專制之後，受到「全天下為帝王一人服務」這個制度的影響，儒學也逐漸僵化，成爲爲帝王服務的儒學，所以才會有君為臣綱、從一而終，這一類僵化教條。造成現代人對儒學的一些誤解。甚而有「禮教吃人」，「禮教殺人」的說法。今天讀《論語》，讀孔、孟教誨，一定要回到先秦時代，還沒有被帝王污染的儒家不必接受帝王專治的，專爲帝王服務的，被帝制所汙染的儒家教條。

讀論語做自己

看 第七講

聽 第七講

．郁郁乎文哉！吾從周。（八佾篇）

周代參考夏代及商代的制度，進一步發展出更燦爛的禮樂文化。這

✽ 金句選粹

文明教化的內容是多麼的美好豐盛啊！我嚮往此周文化。

・**人而不仁，如禮何？人而不仁，如樂何？（八佾篇）**

禮和樂用來規範人的行為，陶冶人的性情。但是，如果一個人不真誠做自己，禮又能規範什麼呢？一個人不真誠做自己，樂又能陶冶什麼呢？禮和樂，其實有一個存在於內心的根源。這個根源，就是真誠，就是仁愛。真誠面對自己，真誠關懷他人。

・**仁遠乎哉？我欲仁，斯仁至矣。（述而篇）**

要仁愛，要對別人好，這很困難嗎？不會。仁愛的能力不用學習，自己向內看，就會發現我內在就有那份仁愛的心腸，仁愛之心就在我身體裡面，我要它，它就出來了。

・**三十而立，四十而不惑，五十而知天命。（為政篇）**

我以孔子為榜樣，生命能隨著歲月不斷成長。三十歲時，可以站穩腳跟，立足於社會。四十歲時可以看清事理，人生不再困惑，五十歲時，可以領悟上天給我的使命，堅定自己生命的意義。

八、仁者愛人：與人相處的基本原則與動力

「仁者愛人」四字出自《孟子》，「仁」就是「愛人」，就是人與人相處的基本原則與動力。「仁」這個字，就結構上來看，就是左邊一個「人」，右邊一個「二」，二人，也就是人與人，我與他人，「仁」必定與「人」有關。

❖仁者愛人

「仁」這個字在孔子之前的文獻很少看到，也沒有什麼特別的意思。是孔子賦予「仁」這個字豐富而且深刻的意義，並且作為整個孔子學說的核心。「仁」，簡單來說，就是愛人，就是對別人好，就是以人為目的。如果說的更廣泛一點、普遍一點，「仁」，

就是人與他人相處的根本準則，基本要求，也就是為人之道。「仁」本來就存在每一個人的心中，人人都有，只是沒有說出來，就不會感覺得到。孔子指點出了這個仁心，而且把它叫喚起來，這是孔子厲害的地方。

在《論語》中，弟子問仁或是討論到仁的篇章最多，超過百次以上，是論語討論最廣泛、也是最核心的一個概念。為什麼有這麼多的討論？第一，因為這是一個新的概念，所以需要多做說明。第二，是為了因材施教。孔子的弟子，像顏淵、子貢、子張等，都有問到仁，但是隨著發問者的不同，孔子給的答案也不同。這並不是說「仁」的意思變來變去，而是孔子會順著提問者的思想脈絡來做回答，這也是孔子厲害的地方。所以在讀《論語》的時候，應該是針對整段問與答的脈絡來理解。但是在這裡常因受限於篇幅，有時只挑中間的一、兩句話來讀，這其實不是一個很好的方法，但也是不得已的方法。

以下就來看一看《論語》中，對「仁」這個概念，有哪些重要的討論。先看學而篇的「孝悌也者，其為人之本與。」這是有子說的。仁愛雖然是人與人相處的通則，但是仁愛的實施還是從親人開始，從父母、兄弟姐妹開始，我們很難想像一個人，他對自己的父母、兄弟很兇狠，但是卻對不相干的人仁慈。所以有子說：「孝悌」是「為人之本」。

❖仁必真誠

再來也是學而篇。孔子說：「巧言令色，鮮矣仁。」一個人在說一些別人喜歡聽的話，或是做一些討好諂媚舉動的時候，很少會真的是出自仁愛，想為對方好。這也就是說，仁愛一定要是真誠的，不可以是虛偽的。但是一些討好別人的言語或是行動，往往是虛偽的，所以孔子這句話其實有告誡的意思。在這邊，「鮮矣仁」我們可以理解為「很少有真誠的」。

❖仁在人性之中

孔子又說：「夫仁者，己欲立而立人，己欲達而達人。能近取譬，可謂仁之方也已。」在雍也篇。「仁」這個東西，就是：自己想有成就，也要幫助別人有成就，自己想發達，也要讓別人也發達，這就是仁。「能近取譬」就是「就近找例子」。我離自己最近，就以自己為例，忖度別人的心意，以成就別人，這就是為仁的方法了。所以這裡說「能近取譬，可謂仁之方也已。」自己想要的，就想辦法讓別人也能夠得到，做到推己及人，就是行仁了。這幾句話似簡單，其實背後暗藏著一個極大的道理——人性是相通的，每一個人的身心需求，其實是相近似的。所以從我自身的感受，可以忖度推想出他人感受。

❖ 仁在心中

孔子在顏淵篇又說：「為仁由己，而由人乎哉。」「為仁」就是行仁，將仁心付諸實踐。「仁」在我心中本來就有，但是我要不要去實踐它呢？這是一個選擇，而且是我自己的選擇，跟別人沒有關係。所以孔子反問：「而由人乎哉？」難道是讓別人來幫我選擇嗎？這句話非常關鍵，就是說，「仁」必須要有主動性，是我這個主體主動想要去行仁，不是別人來要求的。前面也曾讀過「我欲仁斯仁至矣」，在此與「為仁由己」兩句一起看就更清楚了，這個仁心在我身體裡面，要不要去實踐出來，是我自己的選擇。這兩句話都是在強調仁的內在性及主動性。

❖仁是生命最高價值

孔子在衛靈公篇說：「志士仁人，無求生以害仁，有殺生以成人。」「志士仁人」就是立志於行仁的那個人。一個人若立志於行仁，就不會因為自己的生存或是生活，而妨礙自己去實踐仁。甚至為了要成就仁，不惜犧牲自己的生命。這句話是什麼意思呢？簡單的說，就是把「仁」做為生命的最高價值，這可以說把「仁」說到極致了。

我們可以把以上的幾段話總結整理，得知「仁」除了是愛人之外，還有更深刻的意涵。「仁」是由近而遠，由親而疏，由己而人，可以一步步的往外推，推到普遍天下所有的人。「仁」也必須是真誠的，主動的，是發自於自己內心的，而且內存在每一個心中。實踐「仁」，善待他人最直接的方法，就是把自己內在的感受，外推到別人身上。最後，「仁」不僅是內在的，而且是生命的最高的價值所在。

❖人是目的

讓我們對「仁」再做更進一步的思辨。首先要澄清一下「目的」與「工具」這兩個概念。我去做一件事，「目的」是我真正想要的，至於要達到目的所用的手段，或者方法，就可以說是工具。例如說，今天下午想去博物館看展覽，這是我的目的。我選擇自行開車去，或是坐大眾運輸工具，或者坐計程車，或者騎自行車，這都是我可以用的工具。

有關於道德行為，西方哲學家康德（Kant）說了一句很有哲理的話，他說：「人永遠應該是目的，不能僅只是工具。」什麼意思呢？例如說到餐廳用餐，服務員來整理桌面並倒茶水、然後我對服務員說一聲謝謝。本來服務員來收拾桌面倒茶水，是他應該要做的事情。我進到餐廳用餐時，餐費裡也包含了這些服務費，但是我為什麼會對他說一聲謝謝呢？因為在我說謝謝的那一霎那，是把他當作一個人那樣的尊重他，而不僅只是一個幫我收拾桌面倒茶的工具。如果今天人工智能很厲害，做出了一個機器人過來幫我收拾桌面倒茶水，我會對機器人說謝謝嗎？不會。因為機器人純粹只是一個工具，但是人不能僅只是一個工具。我們要對別人好，只因為對別人好就是我的目的。所以我們可以說，「仁」就是以人為目的，或說，「仁」的本身就是目的。

❖仁愛與喜愛

我們常說「仁愛」，但是「愛」這個字，在現代的用法又有「仁愛」以及「喜愛」的意思。例如「我愛看電影」，那是指我喜歡看電影。又例如「梁山伯愛祝英台」，那可以有兩個意思：梁山伯喜歡祝英台，想娶祝英台為妻。或者，梁山伯想要祝英台好，一切都是為了祝英台。只要祝英台好，就算祝英台嫁給馬文才也沒有關係。那後者就不是喜愛，而是仁愛了。我們又會說「父母愛子女」，父母喜歡子女，這個沒問題，但父母所做的一切，也都是為了子女，所以同時也是以子女為目的。我們再來看《新約聖經》馬太福音上的一句話：「愛你的仇敵，要為你的仇人禱告。」這裡的愛顯然就沒有喜歡的意思。愛你的仇敵只因為你的仇敵也是一個人，所以你願意為他禱告。

從以上這幾個例子，我們也可以分辨「仁愛」和「喜愛」意思是不一樣的。仁愛是以他人為目的，也就是為了對方著想，喜愛則是純粹的自己想要擁有的一種欲望。

❖仁人與善人

再來分辨一下「仁」與「善」，行仁的人是「仁人」，行善的人是「善人」。二者有何差別？有些人做了很多善事，我們說他是大善人。那麼善人就一定是仁人嗎？這不一定，要看他的目的是什麼。如果他做善事，那一定是善人，但是他做善事是為了面子，或是為了名聲，或是有其他的目的，那就不算是仁人。為了做善事而做善事，以做善事為目的，這才能算是仁人。

❖惻隱之心

有關於仁，孟子也做了一些非常好的闡釋。孟子說：「惻隱之心，仁之端也。」惻隱之心就是憐憫心、同情心，或者說不忍之心。孟子認為，這個惻隱之心就是仁的根源。只要是人，就都會有憐憫心、同情心，不忍人之心。這個心，若把它開展起來，發揮出來，就會去行仁。

孟子還舉個例子，他說：「今人乍見孺子將入井中，皆有怵惕惻隱之心。」我們看到井邊有個小孩在玩耍，就快掉到井裡面了，就會很緊張，就會很不忍，想要去救他。這個難道是為了想得到他父母的感謝嗎？難道是為了想得到別人的稱讚嗎？都不是，這個惻隱之心是每個人都有的，只要你是人，看到這種場景，就會想做這件事情，這就是人性。

孟子又說：「仁者愛人，有禮者敬人，愛人者，人恆愛之，敬人者，人恆敬之。」因為仁心是普遍性的，每個人都有的，而且，人還有自尊。所以別人對我仁愛，對我好，敬重我，我也對他仁愛，對他好，敬重他。相反的，你算計我，那我也可能會算計你。這就是人性，必然如此。

孔、孟這些話，也可以總結如下：仁心在內，每個人都有，但是會不會去實踐呢？這是個人的選擇。如果我選擇去實踐，我的內心就會比較平安。如果我選擇不去實踐，我心中就會有些不忍。這個不忍，如果我把它忽略掉，它也就被忽略了。這也是為什麼有些人不仁的原因。

❖ 善有善報？

如果說惻隱之心是一種情感，仁愛也是一種情感，不但是情感，也是一種價值。

因為是情感，所以必須是真誠的。因為是價值，所以就會產生驅動力，讓我想去追求。讓我有行仁的動力。行仁，就是在幫助別人，也就是在做善事。但是做善事是為了得到回報嗎？不一定。

《史記》秦本紀中記載了一段秦穆公的故事。有一次秦穆公在岐山下，騎著他一匹心愛的馬，在山下狩獵，結果馬走失了。秦穆公派衛士去找。後來在衛士在岐山腳下一個獵戶村落裡，看到一村三百多人正圍坐著在吃馬肉，結果發現，所吃的馬肉正好就是秦穆公的愛馬。所以就把這三百多個人捆起來，帶到秦穆公前面，請秦穆公嚴加治罪。

結果秦穆公怎麼治罪？秦穆公說：「他們吃了我的愛馬，這是他們不對。可是我難道會為了馬而去殺人嗎？」於是又對這三百個人說：「聽說吃了馬肉又不喝酒的話，對身體不好。我給你們每人一杯酒。」然後就把那三百個人放了。

後來秦公國和晉國發生戰爭，秦穆公被晉國大軍圍困，十分危急。突然之間從野地裡衝出幾百個人，奮力襲擊晉國軍隊，殺出一條血路，把秦穆公救了出來。再一問，原來那幾百個人，就是當初吃秦穆公愛馬的人。後來就留下一句成語，叫做「知恩圖報」。

但是我們回顧一下，難道秦穆公當初在放這三百個人回去的時候，是想圖他們的報答嗎？當然不是！那是因為秦穆公宅心仁厚，把那三百個人當作人那樣的看待，把村民當作目的那樣的看待，所以會擔心村民吃馬肉沒喝酒。但是做善事時會不會有回報呢？我們可以說，求回報不是做善事的動機，但是有時候的確會有回報，因為人是互相的，「愛人者，人恆愛之，敬人者，人恆敬之。」這就好像大煉鋼廠在煉鋼的時候，會有煤渣，煉鋼是生產的主要目的，煤渣是副產品，也可以賣錢。我們因為煉鋼而得到煤渣，但是我們不會為了煤渣而去煉鋼，這其中的道理不可不分辨。仁善與福報的關係也正是如此，行善可能會有回報，但絕不會是為回報而行善。

前面單元曾談到「為政在人」，但是人只是為政的工具嗎？人當然是為政的工具，但絕不會只是為政的工具。國君利用臣子來治國，但是國君也把臣子當作人來看，所以說「君使臣以禮」。同樣的道理，經營企業要用人，員工是工具，但絕非只是工具。員工也是人，需要被關愛被尊重。「愛人者人恆愛之」，老闆把員工當人一樣的尊重，員工也會把老闆當人一樣的敬愛。孟子說：「君之視臣如手足，則臣視君如腹心。」天下的道理是一樣的，

我們每個人內心都有愛人以及被愛的渴望，只是這個渴望常常被一些利弊得失

的計算所掩蓋。孔子的「仁」就在凸顯這個愛人及被愛的渴望，以及努力去選擇，努力去實現的動力。我們行仁，善待他人，不是爲了別的，所謂「求仁得仁」，善待他人的本身就是善待他人的回報，因為在人性中，本來如此。

讀論語做自己

看

聽

✤ 金句選粹

・**巧言令色，鮮矣仁。（學而篇）**

當一個人在說一些討好別人的話，或是做一些諂媚舉動的時候，很少會出自仁愛的心腸。因為仁愛必定是真誠的，但討好別人的言行，往往是虛偽的。

✽ 金句選粹

・**己欲立而立人，己欲達而達人。（雍也篇）**

我自己要有成就，也要幫助別人，讓別人也有成就。我自己要能發達，也要幫助別人，讓別人也發達。我自己想要的，就想辦法讓別人也能夠得到，這就是行仁的方法。

・**為仁由己，而由人乎哉？（顏淵篇）**

仁愛在每個人心中本來就有，要不要去實踐，是我自己的選擇，和別人沒有關係。行仁是自我要求，不需要別人來要求我。

・**仁者愛人，有禮者敬人。愛人者，人恆愛之；敬人者，人恆敬之。（孟子．離婁下）**

有仁德的人以愛心對待別人，有禮貌的人會尊重別人。以愛心待人的人，別人也會以愛心待他。尊重別人的人，別人也會尊重他。每個人內心的感受都是類似的，每個人也都是有自尊的。所以你對我好，我就想對你好；相反的，你算計我，那我也就算計你。這就是人性。

九、刑與禮：治理民眾的兩種模式

刑與禮，是古代治理群眾的兩種策略。《論語》為政篇說：「道之以政，齊之以刑，民免而無恥，道之以德，齊之以禮，有恥且格。」「道」在此是開導的「導」；「德」就是「為政以德」的德。整段話在說：如果用政令來導正，有不服從的，就用刑罰來維持秩序，這樣可以使人民守規矩，但是不知羞恥。如果能德行來開導，以禮教來維持秩序，人民就會有自尊心，而且能分辨善惡對錯。

❖刑、禮、法

這段話把「刑」與「禮」的效果做了極大的分辨。「刑」就是刑罰，是最古老，而且可以快速見效的治理方式。它依靠的是由上而下的威權或力量。刑罰是一種最古老的方式，其實在人類出現之前，可能就已經存在。有餵過雞或看過別人餵雞的人都知道，雞裡面有一隻老大，雞飼料要端出來，誰敢在雞老大之前搶食，雞老大就會啄牠的頭，把牠趕走，這可以算是刑罰的開始。古代的人管理奴隸靠著就是棍棒及鞭子。

「禮」是禮貌、禮節、禮儀，是依照當地的習慣，及人性的共通點，所形成的社會規範。循此規範，自我節制，覺得自己應當要如此，這就是禮。禮是需要教育及學習的，例如在文明社會，我妨礙到別人時，會說「對不起」，但沒有受過教育的人可能就不會。「禮」可以使我言行適當，舉止合宜，顯得有教養。我們可以說，「禮」的存在，使得人類從野蠻進入到文明。

如果拿禮和刑做一個簡單的對比，刑比較原始，刑的處罰，是在行為之後。禮比較文明，而且禮的教導，是在行為之前。禮與刑也有可能並存而不衝突，例如古代若對君王怠慢不敬，不守人臣之禮，極可能獲罪遭大刑。失禮與罪刑之間的關係，如果用文字寫出來的話，就是法。先有禮，然後才有法。當然，有刑罰就會有獎賞。如果把刑罰以及獎賞的方式，明文寫出來，就成爲法條。

❖簡介法家

這裡提到「法」，不免聯想到以前有一個「法家」學派，在此簡單的介紹一下「法家」。許多人以為法家就代表中國在古代有法治的思想，這其實是錯誤的。法家講求的是君主統治術，論述君主如何富國強兵，是君權至上的思想。臣民就只是富國強兵的工具而已。那麼君主如何統治臣民呢？韓非子講的好，他說君主統治臣民靠著就是「賞」「罰」這兩個工具，稱作「二柄」。柄就是把柄、手柄。刀有刀柄，斧有斧柄。手握刀柄就能操作刀，手握斧柄就能操作斧。同理，手握賞、罰二柄，操作賞、罰，就可以有效的操控臣民，統治臣民。

韓非子是荀子的學生，也是法家的代表人物。他把君王統治之術，歸結於法、術、勢三種。「法」，就是以嚴刑厚賞來控制臣民；「術」，就是君主操控臣下的一些技術手段，心機不露，變化莫測；「勢」，就是君主要把威權集中在手裡，以權勢來壓制臣民。從這裡可以看得到，法家講「法」，為的是控制臣民，不是為了公平正義，更不是為了善待人民，以人民為目的。相反地，完完全全是以人為工具。結果，最標榜法家的秦國，在統一天下之後不到二十年就滅亡了。從此，在漫長的帝王專制時代，法家走入地下。許多帝王表面推崇儒術，但在背地裡往往實行法家那一套，也就是所謂的「陽儒陰法」。法家可以說就是「導之以政，齊之以刑。」的代表。

❖禮是應對進退的依據

接著來談「禮」。禮是君子應對進退的依據。孔子在堯曰篇說：「不知命，無以為君子也。不知禮，無以立也。不知言，無以知人也。」這段話是論語最後一篇最後一則，前面也讀過幾遍。「不知禮，無以立也。」不知道禮節規範，就無法立身處世於社會。類似的話，孔子在其他地方也說過。《論語》季氏篇記載，孔子的兒子孔鯉有一次在家裡的庭院遇到父親。孔子就問他「學禮了嗎？」孔鯉回答「還沒有」。孔子就說：「不學禮，無以立。」孔子為什麼要這麼說呢？因為禮是一個文明社會彼此的共識。一個人若學習熟悉這個規矩，有這個共識，那他的言行舉止進退就有所依據，就會適當，為大家所接受，也就能夠在這個社會立足，立足之後才能有所成就。這也就是說，禮需要教育，需要學習，而且要養成習慣，成爲性格的一部分。例如我原本都不顧別人，什麼事情都爭先恐後。後來我學習到禮讓，而後又養成了禮讓的習慣，那我在社會上就比較會受歡迎。再進一步來看，一個社會如果每個人都習慣於禮讓，禮讓也就成為社會風氣的一部份，文化的一部份。

❖禮的起源及演變

若說禮是一種社會的共識，是行為的規範，那不妨再進一步探討，這個規範又是由誰來規定的呢？它是如何形成的呢？《禮記．禮運篇》有一段非常有趣的話，說：「夫禮之初，始諸飲食。」禮的開始，也就是人類脫離野蠻進入文明，是從飲食文化開始。這其中有些道理。我們可以想像：上古時代的野蠻人，如果獵食到一隻野豬，必定會像野獸那樣爭相搶食。但久而久之就會發現，這樣的爭奪搶食好像不太對，會對族群的和諧造成傷害。所以可能就會發展出一些程序，指派某一個人去先把肉的大小及份數分好，然後依照共識，按一定的次序及大小去分肉。這個按順序分肉的行為，其實就是禮的開始。逐漸地演變成為現代人的餐桌禮貌。一直到現代，我們在餐桌上，還是會等最尊貴的人到了才要開動，或是將最好的、最漂亮的食物，獻給最尊貴最年長的人。

同樣的，我們也會把最大的、最漂亮的果子洗乾淨用以祭祀，獻給神明。所以也有些人認為，禮是來自祭祀，但這可能有問題。禮應該是來自對他人的尊重，然後再拿同樣的道理去敬神、去祭祀。我們也因為要表達內心對於人以及對於神的尊敬，所以要節制自己的言行，不能夠肆無忌憚，隨隨便便。所以在古代要祭祀之前，要沐浴齋戒。現代的人去上班也要服裝整齊，不能夠隨隨便便。因為隨隨便便，不能夠表達尊重。如果我們說，禮是從分食物開始，分食物其實就有相當的成分在表示對他人的尊重。對他人的尊重，其實就已經牽涉到禮的本質問題。

❖禮的本質

《論語》學而篇記載，有子說：「禮之用，和為貴。先王之道，斯為美，小大由之。有所不行，知和而和，不以禮節之，亦不可行也。」我們的言行之所以要合禮，是為了要追求和諧。「先王之道」就是文武周公之道，「斯為美」就是以禮為美。不論小事、大事，都要遵行禮。但若事情有衝突，難有進展，也不應為了和諧而和諧。如果因此強求和諧而和稀泥，卻不能用禮來調節，那更是不可行。換句話說：為求和諧，能不爭就不爭；但該爭的還是要爭，只是爭的過程中，仍需符合禮節。

其實「禮」與「和諧」都不是最終目的，都只是手段，那麼，真正的目的是什麼呢？《論語》八佾篇，孔子說：「人而不仁，如禮何？」這個之前讀過。禮的最終目的還是為了「仁」，為了要以善意對待他人，表達對他人的尊重，這才是最終目的。綜合言之，禮是人與人相處應遵守的規範，用以表達我們對人的尊重，並且能夠使社會和諧。我們在家可以穿拖鞋、穿睡衣。為什麼我們上班，不能夠穿拖鞋、穿睡衣呢？道理很簡單，因為穿拖鞋、穿睡衣，隨隨便便，不足以表現出我對同事的尊重。如果我們每個人都能夠表達對他人的尊重，那麼這個社會就會比較和諧。禮雖然是外在的規範，但是想對他人表達尊重，並與他人和諧相處的心願，是內在的。這個心願，就可以說是禮的本質了。

❖禮門義路

有子說的那一段話之中，「以禮節之」四個字特別重要。我們常說「禮節」，禮節是什麼，「禮節」就是禮儀節度，就是以禮節之。為了要遵守這個社會的禮儀共識，需要拿捏分寸，並且自我節制。《論語》雍也篇，孔子說了一段非常有意思的話。他說：「誰能出不由戶！何莫由斯道也？」誰能夠出入房間不經由門呢？既然如此，為什麼不遵守這個道呢？這個道，可以說是孔子之道，也可以說是周公之道，也就是「禮」。所以孟子在這邊做了一個很好的詮釋。孟子說，「夫義，路也；禮，門也。惟君子能由是路，出入是門也。」義就是要走的路，禮就是固定在那裡的門，君子要選擇走自己應該走的正路，但是依然要依禮而行。就像出入房室，必須要經由大門，不能夠翻牆、爬窗戶。這裡要強調，「義」是我選擇要走的路，「禮」就是社會共同的規範，我們固然要堅持做對的事情，但是還是要依禮而行。如今在孔廟、書院、或古老宅院，常見有門楣上有匾額寫著「禮門」、「義路」等字，即出自此。

❖ 禮儀與文化

前面提到禮節、禮儀，儀就是儀式，就是禮的程序和形式。在《中庸》裡有句話，說：「禮儀三百，威儀三千。」三百和三千，都是在形容相關儀式的繁瑣複雜詳細，為什麼有這麼多繁瑣的禮儀呢？當然就是為了留下一個深刻的印象。

儀式通常都是反覆的進行，而且是有象徵意義的。我們說「行禮如儀」，行禮如儀四字近代好像常帶有些貶義，用以形容儀式的進行徒具形式，缺乏熱情。但即使是「行禮如儀」，也是有其中的意義。因為沒有一個反覆進行的儀式，就沒有共同的記憶，沒有共同的記憶就無法形成共同的文化。例如在古代有所謂「籍田」的吉禮，就是在春天開始的時候，天子率領文武百官、公卿將相，在京城的旁邊找一塊農地，天子先耕耕田，除除草，做做樣子，然後群臣再跟著也耕耕田除除草，最後就是農民一起來耕種。為什麼要這樣子行禮如儀呢？其實就是為了要勸農，要形成一個大家都來耕種的農業文化。我們在今天也會有祭祖、掃墓、升旗等等的各種的典禮儀式。這些儀式，反覆的舉行，而且有象徵的意義，最後就形成了某一種文化。

例如有些人評酒或飲茶，他們會有很多的儀式化的動作，形成某種儀式感。外面的人來看，可能覺得他們在裝模作樣。不過參加的人卻是樂在其中，而且逐漸的形成一種文化，一種飲酒的文化，或是品茶的文化。當然，這其中最主要的，仍舊還是參與者內心的誠敬與參與，才會使這個儀式更有意義，也才會形成某種文化的一部分。

❖禮的現代意義

最後讓我們來談一談禮與刑的現代意義。前會面談到，「禮」是來自對他人的尊重，可以使眾人和諧相處，並且形成獨特的文化。我們也說，禮需要教育，以及需要自我節制。我們小時候什麼都不懂，別人給我糖果，我該不該拿？這要看看爸爸媽媽的臉色，什麼時候要說謝謝？什麼時候要說對不起？這也要爸爸媽媽教。我們在學習的過程中，慢慢就會發現，自己不能夠太任性，有時候要節制一下自己的願望，這也是我們今日還可以立足在社會不會被別人嫌棄的一個基本因素。

「刑」是事後賞罰，「禮」是事前教化。刑與禮在古代是治理國家的兩種途徑。但也可以是現代企業治理公司的兩種策略。兩者都是可行方案，但教化可以使一個國家或企業偉大，刑罰則不可能，為什麼？因為前面有說，禮是「有恥且格」。

「恥」是甚麼？恥就是恥不如人。一個人如果有自尊，就不願意不如人。我如果沒有辦法達到公司的要求，或是沒有辦法融入公司的文化，我就會覺得不如人。所以我就會努力的讓我自己達到公司的要求，或者是符合公司的文化。也就是說，一旦國家或企業能夠用禮與教化來維持運作的話，就不需要別人來管理，就能夠自己管理好自己。

石滋宜博士在《在向孔子學領導》書裡面，對於「有恥且格」這句話，就提到：「經營企業的最高層次就是塑造企業文化」，這句話講的非常有深度，我們如果能夠掌握到禮節禮儀的現代意義，或可對這一句話有更深刻的體認。

讀論語做自己

看

第九講

聽

第九講

✲ 金句選粹

・**道之以政，齊之以刑，民免而無恥。道之以德，齊之以禮，有恥且格。（為政篇）**

用政令來導正，不服從的就用刑罰來維持秩序，這樣可以使人民守規矩，但是不知羞恥。如果用德行來開導，以禮教來維持秩序，人民就會有自尊心，而且能分辨善惡對錯。

・**不知禮，無以立也。（堯曰篇）**

如果不懂得待人處世的禮節規範，就無法立身於社會，有所成就。

・**禮之用，和為貴。（學而篇）**

禮的運用，以能形成和諧最為可貴。但也不是為了和諧而和諧，而是在禮的節制下求和諧。

・**夫義，路也；禮，門也。惟君子能由是路，出入是門也。（孟子・萬章下）**

義，就是我要走的路。禮，就是固定在那裡的門。君子選擇走自己的正路，但仍應依禮而行，就像進出房屋必須經由大門，而不能爬窗翻牆一樣。

十、以道事君：從古代君臣關係看現代職場倫理

「以道事君」是《論語》中的一句話，這句話本來是古代對大臣的要求。在此也藉著這句話，來反思現代的職場關係及職場倫理。

《論語》八佾篇，孔子說：「君使臣以禮，臣事君以忠。」這之前略讀過，此處再來細看後半句。「事君」就是在朝廷為官，服事君王，與君王相處，也就是從政、為國家服務。古代的受過良好教育的人，人生的選項並不多，不是在家耕讀，繼承家業，就是到朝庭做官，服事君王，二擇一。現代人的選擇比較豐富多樣，可以從事各種職業，也可以選擇自己喜歡的企業來服務。所以「事君」在現代就可以理解是就業上班，和上司相處，為企業服務。

❖盡力做好分內的事

「事君以忠」的忠，是盡心盡力的服事君王的意思。曾子不是也說過「吾日三省吾身，為人謀而不忠乎？」這裡的「忠」絕對不要理解為「忠心不二」、「效忠領袖」的忠，那帶有專制威權的思想。事君以忠，是指做官為君王服務要盡力做好份內的事，也就是在職場為老闆服務，要盡力做好份內的事。

《論語》衛靈公篇，孔子說：「事君，敬其事而後其食。」做官服事君主，要先把份內的事情做好，再想到「食」，也就是薪水俸祿。這裡有一個非常清楚的因果關係，「敬其事」是因，「食」是果，絕對不能顛倒過來，為了要領俸祿而去做官。衛靈公篇孔子還說過類似的話：「君子謀道不謀食。」君子所追求的是人生的理想，而不是謀求能夠使衣食無缺的那份俸祿。所以做官為君王服務，是為實現人生的理想，也就是「謀道」。另，《論語》泰伯篇，「子曰：不在其位，不謀其政。」這句話表面的意思很好理解，但也隱含另一個意思是：「在其位，謀其政。」只要是坐在那個位子上，就要做好那份該作的事情。

孟子就說得更清楚了，他說：「有官守者，不得其職則去，有言責者，不得其言則去。」「官守」是有特定管轄權責的官吏。有一分權力，就盡一分責任。如果不能盡心把職責做好，就應該離開。例如，生產部門主管就要負責把產量做出來，把交期做準。把品質控制住，成本控制好。如果這些做不好，出大問題，那就不應該接受這職務，就應該離開。君子是因為做好這份工作，才領這份薪水，絕對不是為了領這份薪水，就占著位置不走。

❖提供有價值的意見

「言責」指古代言官之責，例如御史大夫之類的言官，沒有什麼特定的職權，但是可以建言，可以議論朝政，指出君王的過失，或對君王提供有價值的意見。這在古代就稱為勸諫，不害怕得罪、冒犯君王，也要為君王不當的施政或過失提出規勸。現代一般職場工作沒有分那麼清楚，所以生產主管一方面要做好生產部門份內的工作，另一方面當然也要在生產相關的事務上，對上級提出適當的建言。

仍以生產部門主管為例：老闆決定把重要零件完全由他好朋友公司來提供，可是我覺得不利於生產。因為只有一家供應商，萬一出狀況，會造成供應鏈的斷裂，因此從生產的觀點勸誡老闆不要這麼做。雖然可能會讓老闆不高興，但是我還是會提供建言，因為是職責之所在。

勸諫，或者是提供有價值的意見，也有一定的規範。《論語》八佾篇，孔子說：「成事不說，遂事不諫，既往不咎。」三句話的意思相近，已經過去的事情就不要再提了，不要算舊帳，因為算舊帳於事無補，而且使別人不高興。不但如此，一些勸誡的話也不要反覆的一直說。《論語》顏淵篇記載：「子貢問友。子曰：忠告而善道之，不可則止，無自辱焉。」子貢問孔子交友的大原則，孔子回答：「和朋友相處，可以對他提供一些好的意見，可以試著開導他，但朋友如果不接受，那也沒有辦法，只能適可而止。若因此就反覆不停地一直說，那就是自取其辱了。」因為人是會惱羞成怒的。

類似的話在里仁篇也出現，孔子的學生子游說：「事君數，斯辱矣。朋友數，斯疏矣。」「數」在此或讀「塑」，就是一件事反反覆覆、瑣瑣碎碎的一直唸。如果服事君王如此，君王必定不給好臉色看。若對朋友如此，朋友也會疏遠。

❖ 婉轉勸諫

《禮記》說：「為人臣之禮，不顯諫。三諫而不聽，則逃之。子之事親也，三諫而不聽，則號泣而隨之。」這段話提了好幾件事情。「三諫而不聽，則逃之。」「逃之」是逃離、離開、辭官。一諫、二諫、三諫，還是不聽，那就走吧，不要再嘮嘮叨叨了。「不顯諫」就是不要直接對槓，要婉轉的提意見，或是要遵循君臣之禮的分寸來提意見。這與上一單元提到的「禮門義路」類似。雖然我的言論非常正當、但是在表達上，還是要考慮到禮的規範。不能指著君主的鼻子訓斥，而是要用委婉的方式，讓他覺得沒有被冒犯，但也聽懂要表達的意思。

《晏子春秋》中記載了一個委婉勸諫的故事：春秋時代的齊國，齊景公有匹愛馬，不幸被養馬的人給養死了。景公非常生氣，隨手拿起戈矛，就要把養馬人刺死。大臣晏嬰在旁邊說：「這樣殺他，他也不明白自己的罪有多大，讓我來幫您說說他，使他明白自己犯了多大的罪，然後再殺會比較好。」景公當然就很高興，有人幫他出這口惡氣。於是晏嬰就舉起戈矛，教訓那個養馬的人說：「你為國君養馬，把馬養死了，這個罪該死。你使國君因為一匹馬而殺人而良心不安，這個罪該死。你使國君因為一匹馬而殺人的消息被四方的諸侯知道，而嘲笑我們國君不仁，這個罪更該死。」話剛說完，景公就說：「好了、好了、好了，把他放了吧。別因為他而傷了我的仁德。」

回到《禮記》的那段話。對君王「不顯諫」，所以，如果能夠用委婉的方式勸誡君王，讓君王接受，這是最好。如果「三諫而不聽」，那我就不眷戀，因為我有選擇，我可以選擇離開。但對比父子之間，就比較沒有選擇了，父子關係是注定的，親情是只能認命，無法更動。所以說「三諫而不聽，則號泣而隨之」，因為在情感上沒有辦法棄父母不顧，這也顯示古代的孝道觀點。

❖以道事君

做臣子、做下屬的，除了盡心辦事，並提供上級有價值的意見之外，還有什麼更高一層的要求呢？《論語》先進篇，孔子說：「所謂大臣者，以道事君，不可則止。」大臣就是指格局廣闊、思慮深遠的重臣，或者說現代企業的高階經理人。以道事君的「道」，就是大路，是正途，是指正當途徑或方式，例如成功之道、朋友相處之道，進一步引申，「道」不僅只是指正途，也可以是指正當的理念。例如，天有天道，儒有儒道，佛有佛道，大臣當然也有大臣之道。大臣以他自己所信奉的理念或方法，為君王服務。如果不受重視，或者重要的意見沒有被採納，或是不能發揮，那就選擇離開。所以說「不可則止」。

《史記》在〈孔子世家〉中，記載孔子辭官的故事。孔子曾經受魯定公的重用，把國家治理的很好。齊國人為了想使魯國國君疏遠孔子，就選了八十名能歌善舞的齊國美女，還有一百二十四駿馬，送給魯定公，以及當時執政的權臣季桓子。結果，魯國國君及權君都非常滿意，整天只顧觀賞冶遊玩樂，不理國政。孔子看到這個情形，屢屢勸戒不聽，心裡就已經有了準備。隨後，魯國舉行大祭，依照禮儀，國君應將祭祀的豬、牛、羊肉，分給大臣。結果魯定公和季桓子並沒有把祭肉分給孔子，孔子就辭官離開魯國，開始長達十四年的周遊列國之旅。

孔子為什麼要辭官？其中至少有兩個理由：第一，孔子的勸諫，不為魯定公所接受，孔子沒有辦法讓魯定公及季桓子依孔子的理想來施政。第二，魯定公沒有依照禮儀，把祭祀的肉分給孔子，這就表示他不再尊重孔子。大臣有大臣的風骨，絕不眷戀，所以就辭官離開魯國，到其他國家尋找理念相符的君王。

孟子也說：「惟大人為能格君心之非。」「格」就是明辨，「有恥且格」的「格」。只有格局宏闊、思慮深遠的大臣，才能夠辨明君主心思的偏差，並且清楚的分析給君主聽。至於在辨明是非對錯之後，君主要不要接受，要不要匡正自己的過失，那是君王自己的事情，大臣不能夠幫君主決定，否則就是僭越職責。

進一步來看，為什麼「以道事君，不能則止」？背後的根據是什麼？「道」就是大道、正途，一定是通往某處，有正當的目的地。這個目的地未必就是一個具體地點，可以是所嚮往的價值之所在。就此而言，「道」可以是指人生的方向，通往人生價值所在處。我生命的價值在哪裡？我的人生要往哪裡去？這是我的人生選擇，就是我的「道」，「道」就是自己認定的人生使命。想清楚我生命的意義何在？我是在為什麼而活？一個人的「道」也就清楚了。

所以正人君子必是以自己認定的「道」來服事君主，並且讓君主認同自己的「道」，尊重自己「道」，如果做不到這一點，就選擇離開。為什麼？因為君子就是做自己，本書開宗明義就在談這個問題，真誠、自重，知道自己生命的價值意義，是做君子的重要條件。

如果把肩負治國重任的人稱為「大臣」，把一般任職糊口的人稱為「小吏」，不論大臣或小吏，雖然任務不同，只要是君子，都宜「以道事君」。如果不認同君子，或是並不想做一個君子，一切都白說了。若我期望自己是君子，那我做大臣，就要替君主分憂，勸導君主走正道，依自己的理念來施政。即使我是個小吏，那也要盡心完成上級交代的任務，但也不能違背自己的理念。這就是「以道事君」。

❖ 以道事君的現代啟示

前面談到「事君以忠」、「謀道不謀食」、「不在其位不謀其政」、「不顯諫」、「三諫不聽則去」等等。這些古老格言放在今日職場倫理上，就是要我們盡自己的本份，承擔應負的責任，要尊重上司，並能夠提供有價值的意見。當自己的理念不能有所發揮時，也不眷戀自己的職位。只因為君子做自己、真誠自重，而且知道自己的生命意義。

現代人的理想職場，是在正派經營的企業裡，得到老闆的尊重和信任，並且從事自己喜歡而且又有意義的工作，然後領一份滿意的薪水。但這只是理想。如果碰到所任職的公司經營有問題，或者有些違法的行為，該怎麼辦？當然是趕緊離開，越快越好。又如果和老闆個性不合、相處不來，所提的意見也不被尊重，怎麼辦？那就應該先自我反省，是我的工作不盡力？還是工作表現不好？還是所提的意見沒有價值？還是提意見的方式不對？如果問題都在老闆那邊，或也該考慮離開了。如果公司很好，老闆也很好，但這不是自己喜歡的工作，又該怎麼辦？是為五斗米折腰？還是要堅持自己的理想？這個就要自己去做抉擇了。

管理學大師彼得．杜拉克曾說過一個石匠寓言：在古老的神殿，有人問在神殿之前工作的三位石匠說：你們在做什麼？第一位石匠回答：我在養家糊口。第二位石匠說：我在展現我的手藝。第三個石匠很神氣地說：我在修建一座殿堂，獻給神聖的上帝。所以同樣工作，三個不同的人在工作中，找到三個不同的意義。如果一份工作，我痛恨它也得每天做，我喜歡也是每天做，為什麼不想出一個讓我喜歡它的理由呢？為什麼不能在工作中找出這份工作對我的人生意義呢？這個需要智慧。

以道事君的前提就是要認識自己，找到自己人生的價值意義，有自己認同的「道」。或者我們也可以這麼說：我應該要在我的工作中，找到人生的價值意義，找到自己的道。這就是以道事君的現代意義了。

讀論語做自己

看

第十講

聽

第十講

✻ 金句選粹

．**所謂大臣者，以道事君，不可則止。（先進）**

所謂的大臣，就是要能以正道來服事君主。如果自己的理念不能實現，就辭職離開。

．**君子謀道不謀食。（衛靈公）**

君子追求的是人生的理想，而不是謀求能使衣食無缺的那分俸祿。

．**不在其位，不謀其政。（泰伯）**

若沒有擔任那個職位，就不要去對那個職位的事務指指點點。反過來說，若是在那個職位上，就要全力以赴。

．**惟大人為能格君心之非。（孟子．離婁上）**

只有格局宏闊的大臣才能夠辨明君主心思的偏差，並清楚分析給君主聽。

第三部

儒家哲學

十一、親親仁民愛物：儒家的人本思想

「親親仁民愛物」是孟子對儒家人本思想的總結。「人本」就是以人為本，儒家的核心關懷在人，不在自然界，不在萬物，也不在超越界或鬼神。所以儒家不是自然科學，也不是宗教，也很少談人以外的事物，儒家的關懷就在「人」。《論語》鄉黨篇說：「廄焚，子退朝，曰：傷人乎，不問馬。」為什麼只問人，不問馬呢？因為馬是「物」，儒家重視「人」，相對就比較不重視「物」。

《論語》雍也篇，弟子樊遲問孔子，什麼叫做智？孔子說：「務民之義，敬鬼神而遠之，可謂知矣。」在此「義」就是適宜的宜，「知」就是智慧的智。孔子對樊遲之問的回答是：「致力於民眾認為適宜的事情，對於鬼神態度崇敬而不親近，保持適當距離，就可以算是有智慧了。」「敬鬼神而遠之」是務實，不是否定。因為要治理好民眾，就要去瞭解民眾的需要，而非討好鬼神，依靠鬼神庇佑。但並不表示鬼神就不存在，不需要敬畏，所以要「敬鬼神而遠之」。由此可見，儒家對宗教、鬼神的態度。儒家主要的關懷在人，以仁愛為核心。「仁」就是愛人，善待他人，對別人好，以人為目的。「仁」是做人的基本原則，也是最高價值的所在。

❖ 倫理世界的層次

雖然儒家核心思想是仁愛，但仁愛是有層次的，儒家的倫理世界是有層次的。孔子思想的繼承者孟子就說：「君子之於物也，愛之而弗仁；於民也，仁之而弗親。親親而仁民，仁民而愛物。」君子對待動物，雖然憐愛，但是不會像對待人類般用仁愛心來對待。對待一般人能夠有仁愛之心，但是不會像親人般親密。「親親而仁民，仁民而愛物」親親，就是親愛自己的親人及家人。仁民，就是仁愛眾人，善待他人。愛物，就是愛惜萬物，善待生命。

人都會親愛自己的親人，但君子進而將此親愛之心擴展，以仁愛之心對待他人，再進而以此仁愛之心，愛惜萬物。此充分說明儒家倫理的層次性。以仁為核心理念，去體會仁愛，進而推到其他人，再推到萬物，由內而外層層外推，這是儒家倫理觀念及人本思想非常重要的特色。

❖ 親愛親人

親親就是親愛親人，親愛自己的父母、兄弟、姊妹。《論語》學而篇，有子說：「孝弟也者，其為仁之本與。」所謂孝、悌，都是親愛親人的行為，親親是行仁愛的根本。學而篇又說，「子曰：弟子入則孝，出則弟，謹而信，汎愛眾，而親仁，行有餘力，則以學文。」弟子就是年輕人、學生，入則孝出則弟，就是孝悌。先做到孝悌，然後謹守分寸，信守承諾。以此廣泛去愛眾人，去親近仁愛的行為，親近有仁德的人。這些都做得很好，才去學習禮樂文章。由此可知一切從親親開始，親親是行仁的第一步。

有關於親人和他人之間，《論語》中有個非常有爭議性的故事，在子路篇記載：「葉公語孔子曰：『吾黨有直躬者，其父攘羊，而子證之。』孔子曰：『吾黨之直者異於是。父為子隱，子為父隱，直在其中矣。』」「葉」是楚國地名。葉公就是葉的領導人，孔子在周遊列國的時候見到葉公，葉公和跟孔子聊天時說：「我們這裡有位真誠直爽的人叫做直躬，他的父親偷了一隻羊，結果他去揭發作證。」孔子也很驚訝，就說：「我們那個地方的直爽的人不是這樣。如果有親人偷羊，父親就會幫兒子隱瞞，兒子就會幫父親隱瞞；這其中就有真誠直爽的成分。」

這個故事充分顯露道德兩難的問題：如果我的親人犯了罪，我會為了社會的正義去揭發他，然後看親人受苦？或者是寧願背負著一個隱瞞的罪名，而不願意看到親人去受苦呢？孔子在這邊毫不含糊的選擇隱瞞，只因不忍看親人受苦。不過要注意，孔子這裡所謂的「父為子隱，子為父隱。」並不表示孔子認為「隱瞞」是對的，「偷羊」是對的。孔子的這句話應理解為：偷羊是錯的，別人可以舉發，親人也不會阻擋別人舉發。但是親人自己不會去舉發，親人不舉發也不代表這件事情就這樣算了，而是父子同心齊力，共同面對，找出解決的方法。

或可這樣認為：盡公民責任及不讓親人受苦之間，若有所衝突而必須選擇的話，孔孟儒家會多考慮一些親情。俗話常說「大義滅親」，這未必是孔孟儒家的立場。每個人都有父母，絕大部分的人也都有家人，我們從小跟父母、家人相處，那個情感是最真實的，也是最親密的。一個人如果愛自己家人比愛社會其他的人多一些，也是在情理之中。「父為子隱，子為父隱。」只是真情流露，是人性使然。其實不只孔孟儒家如此，古代如此，即使是現代的法律訴訟，在對親人不利的情況下，個人也有拒絕做證的權利。

這也就是說，我們對於父母的愛、對兄弟的愛、對社會一般人的愛，以及對萬物的愛，是有差別的。這就是儒家所說的「愛有差等」。

❖ 儒墨之辯

順便談談墨家。孔子之後，有一位大思想家叫墨子，墨子成立墨家，主張兼愛，就是無差別的博愛。像愛自己、愛家人那樣去愛別人。這是一個非常崇高、非常偉大的思想，在當時的社會也造成相當大的影響，所以有所謂的儒、墨之辯。

孟子就曾和當時墨家的夷子辯論過。夷子持墨家學說，主張「愛無差等」，要像愛自己父母那樣子的去愛別人的父母。孟子也舉出了一些現象，證明夷子自己也做不到這一點。孟子問：「看到別人父母死了，會像自己父母死去那樣的哀傷嗎？」夷子解釋說：「愛無差等，施由親始。」每個人對大眾的愛應該要一樣，但在實施上卻是從自己親人開始。孟子就反駁他說：「且天之生物也，使之一本。而夷子二本故也。」

「本」就是根本、本源、基本。「一本」就是一個根源，一個緣由，一個道理；「二本」就是兩個來源，兩個道理。

孟子責難夷子：你說「愛無差等」，然後又說「施由親始」，那到底是一個道理？還是兩個道理呢？看起來就像是兩個道理。否則若「愛無差等」，為什麼要「施由親始」呢？若「施由親始」，那為什麼又要說「愛無差等」呢？所以孟子主張愛本來就有差等，而且天生萬物就是一個道理、一個根源。因為「愛有差等」，所以「施由親始」，因為我最愛我的父母、親人，所以我的仁愛也是從父母、親人開始。讀者可以比較哪一個人說的比較有道理。

孟子又說：「推恩足以保四海，不推恩無以保妻子，古之人所以大過人者無他焉，善推其所為而已矣。」「恩」就是對別人好，「推恩」就是把這個對別人好的想法往外推，就是把仁愛心腸往外推。「能夠往外推的，就足以保住四海。不能往外推的，不足以保護妻與子。」這句話雖然是對君王說的，但是一般人也可以感受得到。如果我能夠善推，把仁愛之心好好的往外推，那我走遍天下都受歡迎。反之，就寸步難行。其中「推」字非常重要。我們常說「推己及人」，仁愛之心是由內往外推的，所以《論語》顏淵篇也說：「己所不欲，勿施於人。」自己不想的，就不要這樣對家人；不想這樣對家人的，就不要這樣對別人。這就是推，推己及人，層層向外推。

❖ 君子遠庖廚

我們可以從「己所不欲，勿施於人。」再往外推，從「人」推到「萬物」，就是要善待生命，珍惜物資。孟子為此說了個「君子遠庖廚」的故事。

孟子在齊國，想要開導齊宣王推行仁政，齊宣王聽了沒多大興趣，就推託說他沒有仁德，沒辦法推行仁政。孟子就反過來問齊王：「前些日子，宮裡面有人牽了頭牛，從大王面前經過，大王問牽牛去哪裡？回答說這頭牛要殺來祭祀，結果大王看那頭牛很可憐，就吩咐把那個牛放了，改用羊來祭祀。有沒有這回事？」齊王承認確實有這麼回事。所以孟子接著說：「大家都在討論，說大王捨不得牛，所以用羊來換。但我猜大王不是捨不得牛，而是因為看那個牛可憐，不忍心看那頭牛受苦。對不對？」齊宣王說：「沒錯，我是看那個牛可憐，但是祭禮又不可以廢，所以就想說用羊來換牛。」孟子就乘這個機會開導：「如果大王不忍見那個牛被宰殺祭祀，羊和牛又有什麼差別？所以就憑這件事情就知道大王能夠行仁政。為什麼？因為體現出大王的仁愛心腸，大王看到的牛，看到牛不幸的遭遇，所以心生憐憫；但是沒有看到羊，就會想到以羊換牛。這個就是大王的仁德啊！」孟子是這麼說的：「君子之於禽獸也，見其生，不忍見其死；聞其聲，不忍食其肉。是以君子遠庖廚也。」君子看到禽獸受苦都會有不忍之心，見到它活生生的樣子，就不忍去殺死，聽到牠悲鳴的聲音，就不忍吃牠的肉。所以說「君子遠庖廚。」

「庖廚」就是廚房，古代市場並沒有宰殺好的牛羊肉可以買，都是買活的帶回去殺。廚房是宰殺牛羊豬雞的地方。君子遠庖廚，不是說廚房髒熱，君子身分高貴，不要接近廚房。而是說廚房是殺生的地方，君子不願意太接近廚房，是因為不願看見宰殺流血，聽到動物臨死前哀鳴，心生不忍而難受。一旦太常接近廚房，習慣了宰殺跟哀鳴，就會減弱自己的憐憫心、仁愛心。記住，人如果對萬物殘忍沒有愛心，進一步就會對人殘忍，失去對人的愛心，這是非常嚴重的。

齊宣王「以羊易牛」，只因為親眼見到牛的遭遇，而心生憐憫。但沒有看到羊，就沒有去想到羊的可憐。人的惻隱之心就是這麼的直接而微弱，需要小心維持。所以「君子遠庖廚」，不要失去對動物的憐憫心，就不會失去對人的仁愛心。同理，保住善待人類的仁愛心，擴展開來，也就會善待萬物。這道理如此淺顯，而含義卻非常深遠。

❖ 善待生命輔育萬物

關於人與萬物的關係，《中庸》裡有一段神秘又合情理的話，說：「唯天下至誠，為能盡其性；能盡其性，則能盡人之性；能盡人之性，則能盡物之性；能盡物之性，則可以贊天地之化育；可以贊天地之化育，則可以與天地參矣。」意思是指，人在最真誠的時候，充分反省自己，就能夠充分理解自己的天性，進而能夠充分理解掌握人的天性。更進一步，就能夠充分理解掌握萬物的天性。當充分理解掌握萬物的天性，就可以參贊天地的化育，與天、地並列為參。也就是說，天、地、人三者可並列。

這段話中間的「能盡人之性，則能盡物之性。」似乎有些神秘，但並不妨礙我們的理解。把重點放在後半段：萬物本來就在天地中生長。所以說「天地之化育」。在沒有人類的世界裡，牛、羊、樹木、花草都是天地中自然生長，但是人了解牛羊的性質，瞭解花草樹木的性質，所以可以飼養牛羊，可以耕種五穀，種植花草、樹木，這就是「贊天地之化育」。也就是說，人對於萬物的生長及照顧，負有輔贊天地的責任。這個輔助，一方面是站在為人所用的基礎上，同時也是站在人的自我肯定上。藉此也可以進一步理解孟子「仁民而愛物」的積極意思。

❖今日社會的人本反思

儒家有層次的人本思想，放在今日社會的現象，可以對現代人有什麼啟發呢？首先再次強調，儒家的人本思想特色，就是以人類為核心，從人性出發。從自己與家人開始，層層外推到他人，再到萬物。為什麼說是從人性出發？人性又是什麼？這個在後面單元還要再詳談。在此至少可以瞭解，人性是可以在自己身上去體驗的，人性是不是如孔孟所說？講得對不對，這完全可以在自己身上得到驗證。以下先簡單從現代社會現象中，找三個例子，看一看「親親仁民愛物」的思想，能說些什麼？

例一：現在社會很強調愛護動物，人會去養貓、狗等寵物，但是人對於動物的關懷，可以超過對人的關懷嗎？儒家說不行，至少正常的人不行。例如有一隻狗很可愛，可是有一天狗把人咬死了，那怎麼辦？我們會說，這隻狗威脅到人的生命，如果這個狗沒有主人，就要把他撲殺，免得再把人咬死。如果有主人，就要把殺人的責任追究到主人身上，因為狗不是人，沒有對錯的問題，狗的主人才是道德譴責的對象。但若一個人去殺了那條狗，不論那個狗有多可愛，主人多麼有權勢，我們都不會因此而以殺人罪去處罰那一個人。

例二：現代社會中的電動遊戲，有很多以血腥、暴力為訴求的電玩。有人說，玩暴力電玩可以渲洩人的情緒，但是會使人變得更殘忍嗎？心理學家對此進行各種研究，然後宣稱會影響人或不會，並引起學術性或是商業利益的辯論。但是儒家就會直接述諸人性，暴力電玩即使是虛擬的，但感受是真實的。「君子遠庖廚」，任何人和血腥暴力相處久了，就會受到影響，因為人性很脆弱。

例三：現在最熱門的是環保議題，人對於地球和萬物有責任嗎？這個儒家一定說有。人有能力承擔，而且人會選擇承擔這份責任。就像我們前面講的，「能盡物之性，則可以贊天地之化育。」人能輔助天地化育萬物。如果我們選擇逃避，我們的良心就會不安。這不只是利與害的計算，也是人性的自我要求。

讀論語做自己

看

第十一講

聽

第十一講

✽ 金句選粹

．**務民之義，敬鬼神而遠之，可謂知矣。（雍也篇）**
致力於民眾認為適宜的事，對鬼神抱持尊敬但不親近的態度。這就可以稱得上是有智慧了。

．**己所不欲，勿施於人。（顏淵篇）**
自己不想的，就不要這樣對家人。不想這樣對家人的，就不要這樣對別人。

．**親親而仁民，仁民而愛物。（孟子．盡心上）**
君子對於動物，雖然憐愛，但不會像對待人那樣的用同理心相待。對於一般人，雖然以同理心善待，但不會像親人那般的親密。君子親愛自己的親人，進而以此仁愛心善待他人。以仁愛心對待他人，進而以此心愛惜萬物。

．**君子之於禽獸也，見其生，不忍見其死；聞其聲，不忍食其肉。君子遠庖廚也。（孟子．梁惠王上）**

✲ 金句選粹

君子對生命有憐憫心，看見活著的飛禽走獸，就不忍心見到牠死去。聽到牠的哀鳴，就不忍心吃牠的肉。也因為如此，所以君子總是和宰殺禽畜的廚房保持距離，不願意太接近。因為一旦太接近這些，習慣於宰殺及哀鳴，就會減弱自己的憐憫心，仁愛心。君子遠庖廚，放在這個時代來說，就是：除非職業上的必需，最好不要太常接近血腥或暴力，因為這會麻痺我們的憐憫心，使我們麻木不仁。

十二、人性向善：儒家對人性的透澈觀察

「人性向善」是孔孟儒家對於人性透徹觀察後的結論。「性」是天性，是生下來就有的，不因環境而改變的通性。不同動物有不同天性，所有的動物都有自己的天性或本能。動物的本能，簡單地說，就是趨利避害，包括了尋找食物、尋找配偶、逃避敵人等。

人性是每個人生下來就有的通性。但是在用「人性」這個詞的時候，有時會特別去指人的天性之中，有別於其他動物的，人之所以為人的特性。人是動物的一種，當然也會趨利避害。但是人有其他動物所沒有的天性，例如西方人常說「人是理性的動物」，表示說人除了是動物之外，還有理性，和其他動物不同。儒家則強調「人有道德感」，這也是人和其他動物有所不同的地方。《論語》陽貨篇，孔子說：「性相

近也，習相遠也。」每個人生下來，天性原都是差不多的，但是經由學習，慢慢會有所不同，而有自己的風格、個性。人能藉由學習而改變自己的個性，這也是人與任何其他動物的一大差別。

孟子也說：「人之所以異於禽獸者幾希，庶民去之，君子存之。」這是孟子對於人性非常精采的論述。人和禽獸的差別，其實只有一點點。這一點點差別，一般人可能不很重視，但是君子就一定會放在心上。這一點點差別是什麼？主要是指道德心。孟子其實意指，這一點點差別，如果我不去重視的話，人和動物也就差不多，只不過是比較聰明的動物而已。

❖ 孔子論人性

論語中也有不少討論到人性的篇章，除了上述的「性相近習相遠」之外，孔子也說：「仁遠乎哉？我欲仁，斯仁至矣。」這在前面讀過，就是說，仁在內，也就是說，人性中有仁的成分。孔子在季氏篇又說：「君子有三戒：少之時，血氣未定，戒之在色；及其壯也，血氣方剛，戒之在鬥；及其老也，血氣既衰，戒之在得。」這是孔子對立志要成為君子的人所做的告誡，內含三件事：年輕的時候，血氣還沒有穩定，這時候要注意避免美色的誘惑。到了壯年，是氣血旺盛的時候，要注意到不要爭強好鬥。到了老年，血氣衰弱，比較缺乏安全感，就應該要注意，不要過於貪財。從這裡也可以看得出來，孔子在討論人性的時候，是站在人的通性，也就是全面性的來看人性。所以君子也有動物性，君子也是血肉之軀，所以也會趨利避害，也會爭強鬥勝，也會受美色及財務的誘惑。但是君子會反省，會對這些保持警惕。

❖ 孟子說性善

到了孟子，孟子對於儒家的人性論做了相當相當大的突破。《孟子》書裡面記載：「孟子道性善，言必稱堯舜。」這裡的「性善」是什麼意思？「性」，當然就是指人性，人的天性。「善」，在此指的是道德善，簡單的說就是做應該做的事，善待他人。「性善」就是說，在人性之中，有一個想要為善的傾向，並且有能夠為善的潛力。

善待他人，用孔子的話來說就是「仁」。孔子認為人有仁德，當我想要行仁的時候，仁就跑出來了，所以說「我欲仁，斯仁至矣」。孟子進一步就把孔子的仁德擴充為仁義理智四德，也就是四種善。「仁」，就是仁愛，對他人好，善待人類，這個前面說過。「義」，就是對正當行為的堅持，也就是對行仁的堅持。「禮」，就是與他人互動的一個社會規範，也就是行仁的社會規範。「智」，就是對善惡的判斷能力，對於一件事情合於仁或是不合於仁的判斷。

所以一個人要為善，要行「仁」，先必須判斷這些事情符不符合仁愛，這就是「智」。一旦認定符合的就要堅持實踐，這就是「義」。並且要依照社會規範來進行，這就是「禮」，前面單元也會談到的「禮門義路」。

❖人心有四善端

孟子不但提出了仁、義、禮、智四德，而且進一步去追究仁、義、理、智的根源，孟子發現，仁義理智的根源，就在自己的內心，也就是人內心有四個善端，或稱為「四端心」。孟子說：「惻隱之心仁之端也。羞惡之心義之端也。辭讓之心禮之端也。是非之心智之端也。」

「惻隱之心」就是憐憫心、同情心，或說是慈悲心。人之所以有仁愛的行為，想要去幫助他人、對他人好，此行為的基礎，它的出發點，就是這個「惻隱之心」。孟子認為只要是人，都有惻隱之心。

「羞惡之心」簡單的說就是指正義感。我們看到別人，或者是自己，做了不正當的事，就會覺得很可恥、很厭惡，這個就是正義感。所以一般人在看電影或觀賞戲劇的時候，見有壞人做了壞事，最後遭到惡報，就情不自禁想要鼓掌。這就是潛藏在內心的正義感。此正義感發揚出來，會讓我們堅持想做對的事情。所以說「羞惡之心義之端也」

「辭讓之心」需要略做解釋，以朋友分吃蛋糕為例。蛋糕很好吃，本能上就想先搶食。但是我察覺到還有別人，知道這個蛋糕不是只有我一個人想吃，別人也要吃。一旦感覺到他人的存在，並對他人的存在予以尊重，就會願意和他人分享，而不是獨占整塊蛋糕。此時，辭讓之心就顯示出來，這就是禮的根源。

「是非之心」就是良心或是良知。我們的良心或良知會知道善惡對錯。良心就好像是心裡的一個小精靈，每當我做一件事情，不論對的或是不對的，那個小精靈就會出來，若對就會讚賞，若錯就會譴責。西方哲學家康德就把良心比喻為「內心的法庭」，會對自己的行為做出審判，判決有罪或是無罪。這種判決是無法逃避的，也是不由自主的。舉個例子，如果我知道偷東西是不對的，但是我又去偷了別的東西，這時候良心，也就是我內心的法庭，就會判決，我這樣做是不對的。我有沒有辦法控制我的良心，讓它不要對這件事情進行審判，或者讓它判決我是對的呢？抱歉、做不到。良心的審判是無法逃避，也不由自主的。而且良心一旦判決有罪，良心和正義感，也就是是非之心和羞惡之心，就會結合起來，產生內疚，自我譴責，這都是沒有辦法控制，自然會發生的。

❖ 四端之心人皆有之

不但如此，孟子還認為四端之心人皆有之，沒有惻隱之心、羞惡之心，辭讓之心、是非之心的人，就不是人。四善端在人性之中，本來就是人性的一環。

要特別注意的是，四善端雖屬人性的一環，但此四善端不是善行，只是一個善的開端，只是一點點的感動，稍縱即逝。必須要擴而充之，才能把善實踐出來。孟子說：「凡有四端於我者，知皆擴而充之矣，若火之始然，泉之始達。」四端只是善的一個小火苗，要把善實踐出來，還是要靠自己的努力「擴而充之」，付諸實踐。

❖人性向善

傅佩榮教授就把孔孟「性善」的思想，總結為「人性向善」四個字。「向善」的「向」，代表是一個趨向、一個力量。人如果真誠，會感受到內在有一股力量，是要求自己行善的潛力。注意！只是潛力，未必能真正實現。因為人有選擇，可以選擇真誠，真誠面對人性中向善的力量；或者是不願意真誠面對這個向善的力量，而改以自身利弊得失的計算。如果選擇真誠，這個向善力量就會變成行善。若選擇利弊得失計算，進而趨利避害，就可能為惡也可能為善，但就算是行善，不是因「善」本身去行善，是因為「有利」而行善。

再進一步說明「善」這個字，「善」指道德善，必須藉由行動來實現。那麼要實現什麼，才算是「善」？就是要讓人與人之間，能夠有適當的關係，適當相處就是善的實現。就如孟子所說：「父子有親，君臣有義，夫婦有別，長幼有序，朋友有信。」正是善的實現。

要如何讓人與人之間的關係能夠維持適當？就必須考慮到我，你，他三個因素。「我」是指我內心要真誠。「你」就是對方，要行善就要與對方溝通，了解對方的期許。「他」就是他人，也就是社會，要行善也要符合社會的規範。這裡提到我、你、他，三者是有順序的。首先，我的內心必須要真誠；其次要能溝通及瞭解對方的期許；最後才考慮要符合他們，符合大家，符合社會的共同規範。如果能夠做到上述三點，人間的善，自然就能實踐出來了。

❖人性本善？

有關於人性向善，有些問題值得進一步推敲。有人可能懷疑：「人性向善」，為什麼不說「人性本善」呢？《三字經》不是說：「人之初，性本善。」嗎？但是「人性本善」的說法，其實有下面幾個問題。

（一）不符事實

如果說人本來就是善的，本質上是善的，或是本源是善的。那嬰兒生下來就會是善的。但是小孩就是善的嗎？小孩若沒有大人的教導，沒有受過教育，長大就會變成善人嗎？這十分值得懷疑。小孩非常可愛，這個沒有問題。但是我們也知道，小孩基本上也是很自私，很不講理，只顧自己的。怎麼就會說人天生就是善的？本來就是善的呢？

（二）不容易解釋

有些學者為了迴避上面的問題，就會很費力的去解釋：「性本善的『性』，不是你們認為在那個意思，它是這個意思。性本善的『本』，也不是你們認為的那個意思，它其實是這個意思……」結果過於複雜的解釋，反而造成大家對孔孟性善思想難以理解，或是錯誤的理解。其實，孔孟性善思想是非常容易了解，也非常容易親身體驗得到的，

（三）貶低了為善的價值

人要為善，要做善事，要善待他人，是個人的選擇，這個選擇是主動的，而且往往是要付出代價，要犧牲自己的私利。犧牲越大，越能顯示這個選擇為善的道德價值。我們都知道蜜蜂會毫無選擇的幫助同類，但那是本能，沒有道德成分。如果人性是本善的，那人做善事幫助同類，就好像蜜蜂會幫助同類那樣，只是本能的反應，他不是出於選擇，也就沒有道德價值了。

也因為上面幾點原因，所以這裡說「人性向善」，而不說「人性本善」。「人性本善」只能夠作為一種信仰，或一種口號，經不起理性的討論，也經不起經驗的觀察。

❖人性向惡？

若說「人性向善」，那為什麼不說「人性向惡」呢？在現實的世界中，人常會為了私利而為惡。人性中也有忌妒、貪婪、怨恨，這些負面的情緒，使人為惡。這個世界事實上也充滿了人類的惡行。說明人性中也有「惡」的成分，但是為什麼不說「人性向惡」呢？因為人雖然會為惡，會做傷害別人的壞事，但人不會因為做壞事而心安理得。一旦真誠反省，良心會不安。換句話說，為惡的人也未必喜歡為惡，人可能因為禁不起誘惑，或者意志軟弱去做壞事，但是不會為了想做壞事而去做壞事。惡人難道希望自己的子女也去為惡嗎？但是善人必定希望自己的子女也是善人。所以我們說「人性向善」，而不是「人性向惡」。

人性向善，可以說是孔孟儒學的基石。前面的各單元，歸根究底，幾乎都與人性向善有關。所以君子坦蕩蕩的根本原因是「人性向善」。「為政以德」，「修己以安仁」的最終依據也是「人性向善」。「親親仁民愛物」的理論基礎更是「人性向善」。因為人性向善，所以每個人的內心就有動力，也有能力，可以與他人和諧相處，可以去做好人，行好事。與他人和善相處，也會使自己心安理得，身心愉悅。這就是人性向善。

這個向善的人性是每個人都有的，每個人都一樣的。在此要再次強調，「人性向善」不是理論或是道德教訓，它是一個事實。而且瞭解這個事實有助於我們立身處世。

❖人性向善的現代啟示

今從務實角度來檢視，「人性向善」能帶給現代人什麼樣的啟發？首先，人性是否向善，是可以在自己身上體會與驗證，不是空談。其次，人固然有向善的力量，但是這個力量只是一點點，而且稍縱即逝，只有在真誠面對自己良知的時候，力量才會顯露出來。再者，人固然在真誠的時候就會感受到內心那股向善的力量，但是我是否要真誠？是否要依照那一點善意去行善？還是要依自己的選擇。

在此以《聖經》大衛王與烏利亞將軍的故事，來說明人性向善與選擇為善之間的關係。烏利亞是大衛王屬下的一個將軍。大衛王看上了烏利亞的妻子，想佔為己有。於是大衛王就動腦筋，把烏利亞安排到危險的戰場，讓烏利亞戰死。接著大衛王就水到渠成，順理成章的，把烏利亞的妻子納為王妃。事後大衛王又非常悔恨自己的惡行，於是寫了一些詩篇，向上帝禱告懺悔。

可以想像一下，大衛王在想那條毒計謀害烏利亞的時候，他的良心，他的是非之心，有沒有告訴他說，這是錯的，這不對？當然有。但是大衛王為了私慾，仍然選擇昧著良心，做了壞事。當他在若干年後，大衛王內心的羞惡之心，有沒有運作，而對這件事情產生羞愧，並厭惡自己，悔恨，或是內疚？當然有。不然他也不會在〈詩篇〉中對上帝提出那麼多的懺悔。

這個故事的心理過程複雜，我們不是大衛王，又離以色列那麼遠，為什麼我們很容易理解這些事情呢？因為大衛王是人，和你我一樣有相同的人性。「人性向善」並不是什麼複雜的理論，善也不只是幫助別人，扶老太太過馬路這一類的事。能和父母、子女、夫妻、兄弟好好相處，能和長官、部屬、朋友、甚至陌生人好好相處，這些都是「善」，善就是和別人好好相處。要想與別人好好相處，內心就要真誠、要能和對方溝通，了解對方的心意，要能遵守社會規範。相反地，如果有人總是在盤算自己的利害，也不願意為對方著想，或無視於社會的規範，那這類的人就比較容易為惡，也不會是君子。我們最好和這種人保持距離。人性向善的重點不是在勸人為善，而是從人性面去看人與人如何適當的相處，這就是孔孟性善論對現代人的啟示。

✽ 金句選粹

・**性相近也，習相遠也。（陽貨篇）**

每個人生來的時候，先天的本性秉賦都是近似的，但是隨著後天所受的教育及環境的習染，逐漸會拉開距離，而有所差異。

・**少之時，血氣未定，戒之在色；及其壯也，血氣方剛，戒之在鬥；及其老也，血氣既衰，戒之在得。（季氏篇）**

立志要成為君子的人，需要注意三件事情：在年輕的時候，血氣還沒有穩定，要注意色欲的誘惑。到了壯年，血氣正是旺盛的時候，應注意不要爭強好鬥。到了老年，血氣衰弱，缺乏安全感，就應該注意不要過於貪財。正是因為人有血肉之軀，心理難免會受到血氣的影響，而有犯錯的可能，所以君子要特別注意防範。

讀論語做自己

看 第十二講

聽 第十二講

✻ 金句選粹

・人之所以異於禽獸者幾希，庶民去之，君子存之。（孟子・離婁下）

人與禽獸的差別其實只有一點點啊。這一點點差別，一般人可能會不很重視。但是君子一定會放在心中。

・惻隱之心仁之端也。羞惡之心義之端也。辭讓之心禮之端也。是非之心智之端也。（孟子・公孫丑上）

看見別人受苦心裡覺得不忍，就是惻隱之心，善待他人是從惻隱心發展出來的。得知有人為惡心裡覺得可恥，厭惡，就是羞惡之心，堅持正義就是從羞惡心發展出來的。尊重他人想要與他人分享，這就是辭讓之心，禮敬他人就是從辭讓心發展出來的。遇到事情內心會分辨善惡，這就是是非之心，道德判斷的智慧就是從是非心發展出來的。

惻隱心、羞惡心、辭讓心、是非心，這四種善端在我心中本來就有，也是我想要行善，有能力行善的保證。至於是否真的去行善，還是要看個人的選擇，因為行善與自私自利往往是有衝突的。

十三、求與得：向內修練以面對一切遭遇及壓力

「求」指欲求，包括追求及尋求；「得」指欲求得到滿足。人生境遇有時一帆風順，有求必得；有時卻一籌莫展，處處碰壁。同樣的人品，同樣的才華，同樣的努力，有的亨通發達，有的窮途潦倒；有的榮華富貴、有的卻庸庸碌碌。這些都不是自己可以完全掌握的，所以常託之於命運，所謂「富貴窮通不由人」。在此必須強調，命運固然是人所不能掌控的，但若能理解「求」與「得」的道理，或許可以明白，向內修練才是我們面對一切命運最可靠的方法。

❖ 孔子論求與得

中國自古以來就有「五福」之說，「五福」出自古老的《尚書》洪範篇：「五福：一曰壽，二曰富，三曰康寧，四曰攸好德，五曰考終命。」「康寧」是指身體健康無災病，「攸好德」就是擁有德能名聲，「考終命」就是壽終正寢。這段話是商國的箕子對周武王說的。周武王本身已經是富貴通達，但是他還是要追求長壽、健康、考終命。人總是在追求自己沒有得到的事情。誰不希望五福臨門呢？但誰又能事前確知自己能夠五福俱全？

佛教說「八苦」，得不到就會苦。八苦指「生苦，老苦，病苦，死苦，愛別離苦，怨憎會苦，求不得苦，五盛陰苦。」生、老、病、死都是自然現象，姑且不論。「五盛陰」是佛教的名詞，指我們的五蘊旺盛，這涉及佛教的理論，在此亦不宜多談。我們想和所愛的人相聚，結果卻偏偏要別離，這個苦，所以會「愛別離苦」。我們不想和討厭的人在一起，結果偏偏要相會，這個也苦，所以說「怨憎會苦」。我們想求的東西得不到，這個苦，所以說「求不得苦」。其實「愛別離」和「怨憎會」也都是「求不得」，重點是在「求不得苦」。

人總是在求自己想要的東西，但又往往求不到，此時就會感覺痛苦，這是人之常情。我們總是在追求富裕的、平順的生活，以及受人尊敬的、能夠發號施令的地位，為此不惜奔走、鑽營、努力，求若不得則引以為苦，甚至怨天尤人。

這就令人想到一個問題，孔子也是人，孔子會不會也想追求富貴通達呢？孔子是怎麼樣來看待「求」與「得」？孔子在《論語》述而篇說：「富而可求也，雖執鞭之士，吾亦為之。如不可求，從吾所好。」執鞭之士就是拿著鞭子，為達官顯貴鳴鑼開道的人，在當時算是比較低賤的工作。若是為了求富貴，孔子認為「沒問題，願意去做。」但是如果無法做到呢？「那不如做我自己想做的事情，不去追求富貴。」「不可求」並不說「求不得」，而是指求的方法有問題，自己做不到。為什麼做不到？因為與自己的理念、人格相違。所以孔子在里仁篇也說：「富與貴是人之所欲也，不以其道得之，不處也；貧與賤是人之所惡也，不以其道得之，不去也。」「處」就是安身，「不處」就是不能把自己安頓在此。孔子雖然很希望能得到富與貴，但如果得到的方法不正當，那就算是給他，他也不會要。雖然很不喜歡貧與賤，但是如果方法不正當，那麼寧可處於貧賤中。也就是說，追求富貴、厭惡貧困是理所當然，是人性之所在，受人尊敬的孔子當然也不例外。但是重點在方法要正當，要「以其道得之」。

進一步追問「為什麼？為什麼方法要正當？」這就涉及到人生的價值問題。因為孔子自尊自重，要做一個堂堂正正的人，孔子在述而篇也說：「不義而富且貴，於我如浮雲。」浮雲是譬喻這個東西和我沒有關係，我看得很淡。有人把這句話簡化了，說成「富貴於我如浮雲」，以表示自己很高尚，這是不對的。前句是「不義而富且貴」，重點在「不義」。富與貴是我要的，不義的富與貴才和我沒有關係，也不想要。孔子為什麼要反覆的這麼說呢？因為榮華富貴不是最高的價值，人生還有更重要的事情要考慮，例如說仁、義、道、天命等價值理念。人生如果沒有這些價值理念、沒有使命感，就會禁不起富貴的誘惑，人格及尊嚴就可以被富貴所收買。所以說「不義而富且貴，於我如浮雲。」「如不可求，從吾所好。」

❖ 孟子論求與得

孟子對於求與得，又有更深入的一層討論，孟子把求分成「內求」與「外求」。孟子說：「求則得之，舍則失之，是求有益於得也，求在我者也。求之有道，得之有命，是求無益於得也，求在外者也。」「舍」就是捨，有些東西，我若追求就可以得到它，我如果不想要，就會失去它，這就是我的「求」有助於「得」。為什麼會有「求有益於得」的情形？因為所求的東西就在自己身上，這是內求，是「求在我」。也有些東西，求它要有方法、但是得到得不到，是要看我的命運。這樣的東西我再怎麼想要，也無助於得到它。為什麼會這樣呢？因為所求的那個東西本來不是我的，是外在的，是別人給的，這是外求，是「求在外」。像富與貴就是標準的外求。反之，很顯然的，「仁」就是標準的內求，所以說「我欲仁，斯仁至矣。」我要，它就有。

我們可以把這段話再整理一下：「求之有道，得之有命。」就是外求，是我求人或求神。求人、求神要有方法，但是人或神給不給我，這個要看命。「求則得之，舍則失之。」是內求，是求自己，自己要求就有，不求就沒有。

❖ 人間的富貴

有關於內求、外求、以及富貴，孟子還有很精采的論述。孟子說：「欲貴者，人之同心也。人人有貴於己者，弗思耳。人之所貴者，非良貴也。趙孟之所貴，趙孟能賤之。」意思就是，想要富貴，每個人都一樣的，但是每個人身上還有一項很珍貴的東西，只是自己不知道。「人之所貴」指別人給的那種尊貴，不是「良貴」，不是真正的尊貴。為什麼？孟子舉例說：「趙孟之所貴，趙孟能賤之。」在古代，「孟」

指老大，「趙孟」就是趙家的大老，在這裡指的是趙盾，是晉國的三代權臣，趙盾在當時可以說是權傾朝野。所以趙孟要你貴，你就尊貴，趙孟要你賤，你就卑賤。為什麼呢？因為人間的尊貴是別人給的，別人也可以把它收回，把它拿走。但是有些尊貴是別人拿不走的，例如說，前面提到的仁愛，或是學問、氣度、自我尊重，這些都是很貴重的，而且是在自己身上。也就是「貴於己者」，這才是真正的「良貴」，只是一般人「弗思耳」，沒有注意到啊！

❖ 外求與內求

分析比較孟子的外求與內求，以及自有的富貴與別人給的富貴，可以得知：外求是有方法的，但是外求也是不可靠的。因為外求之所以能得到，是別人決定的；會不會失去，也是由別人決定。有些事情外求不見得能夠得到，但是我可以轉為內求。內求的難度雖然可能比較高，但是比較可靠，因為內求是求己，所以「求則得之，捨則失之。」求就會有，不求就沒有。

「內求」不是精神勝利法，不是說得不到就去否定，或明明得不到，卻把它解釋成不屑得到。那只是一種酸葡萄心理，自我麻醉、自我欺騙。例如去鑽營某個職位，結果沒得到，被別人拿走了，心裡就喃喃自語：其實那個工作不好，太累，不適合我，倒楣鬼才得到那個工作。或者去參加比賽，本來想去拿冠軍的，結果被淘汰，就心想：其實本來就不要爭冠軍，我志在參加，不在得獎。這些都只是精神勝利法，不是「內求」。內求是向內要求改變，強化自己，改變自己的觀念、態度與性格能力，甚至改變自己的生命意義。藉由改變自己，強化自己，來處理遭遇的處境及需要解決的問題。改變自己的心境，往往是解決問題最可靠的方法。

陶淵明的《飲酒》詩前半段說：「結廬在人境，而無車馬喧，問君何能爾，心遠地自偏，採菊東籬下，悠然見南山。」有朋友就非常的欣賞這首詩，尤其嚮往這個「採菊東籬下，悠然見南山。」的生活境界。就把在城市鬧區裡的房子處理掉，搬到有庭園的郊區去住。後來又覺得郊區還是達不到那個意境，於是又搬到鄉下，想說可能要到鄉下才能夠享受到那種寧靜、悠閒，如此不斷地變換居住的處所，直到後來離開人世，始終沒有追求到他想要的那個「悠然見南山」的境界。但是，會不會是他搞錯方向了呢？陶淵明不是說「心遠地自偏嗎」？「悠然見南山」的關鍵是在「悠然」「心遠」，而不是在「南山」。悠然是種心境，心境在內，是要向內求。不是向外求，去找悠然見南山的環境。而是向內求，求一個悠然見南山的心境。從這個例子裡面，也可以感受到內求與外求的差別。

❖向內修練提升自己

所以，內求是什麼？內求就是向內修練，以提升自己的境界。俗話說「求人不如求己」，向內修練，以提升自己的境界，這就是內求。也是解決一切人際問題、外在問題的最可靠途徑。因為「求則得之」。

那麼「境界」又指什麼？引用《中庸》的一段話：「喜怒哀樂之未發，謂之中。發而皆中節，謂之和。」人在環境中，尤其是人和人相處時，本來就會產生各種情緒，此情緒就在自己心中，是由內而發的。當我不斷修練自己，提升自己的境界，終而可以使自己在面對外界各種狀況時，所抒發的情緒是適當的、是中節的。所以，能在該歡喜的時候歡喜；在該發怒的時候發怒該；該哀傷時哀傷；該快樂時快樂。這樣我自己的內心會很和諧，跟別人相處也會很和諧。「發皆中節」就是修練所達到的境界。

西方哲學家斯賓諾莎曾留下警語：「不要哭，不要笑，要理解。」和上述《中庸》那段話蠻相合。哭和笑就是喜怒哀樂。不要哭，不要笑，就是在面對各種情境的時候，不要輕易地被這類情緒所綁架而失控，那怎麼辦呢？要先去理解。一旦我能理解自己，理解別人，理解處境，就不易受情緒所影響，在激動中失去理性。我的哭和笑也就在理性的控制之中，該哭則哭，該笑則笑。所以我們一定要提升理解力，理解自己、理解對方以及理解自己的處境，這可以說是從另一個角度來看「修練」與「境界」。

再舉個例子：有位朋友很愛遲到，不管怎麼勸說，怎麼叮嚀，他都是要遲到，而且遲到半小時、一小時。這種惡習讓我生氣，於是想盡辦法要求他改善這個遲到的惡習，但是沒有用。在不斷的要求、勸告及生氣後，彼此的感情也就慢慢地淡薄了。這就是標準的外求，要求別人改變。但是如果我改用內求的方式來處理呢？我會要求自己努力去理解，理解這個朋友為什麼會遲到，以及在他這種愛遲到的性格之下，我能夠做什麼。後來發現，他的確有些迷糊，總是模糊了約定的時間，也無法正確的掌握出門前的準備，以及出門後在交通上所需要的時間。所以我可以幫他估算好出門的時間，並且在適當的時機打電話提醒他。這樣子，這嚴重遲到的惡習，就略略有一些改善，但是還是會遲到。怎麼辦？我只能調適自己的心情，並且瞭解不重視時間是他的個性，他不是單單對我遲到，也對其他人如此。最後我終於明白，期望他守時是不對的，因為他根本做不到。我應該要理解，和他相處，最好的方法就是不要約定時間，就算不得已約了時間，自己心裡就要先準備，就算他遲到，我也不會生氣，而且早就有他會遲到的準備以及打算。這就是內求，以向內修練的方式來解決問題，要求自己努力去理解對方，提升自己與對方相處的能力，藉此來化解這個對方愛遲到的問題。

從以上說明當可明白：富與貴是外求，要求環境順遂是外求，要求別人改變也是外求。外求就是求人求神，求之有道，得之有命，所以求也未必能得。但是，從孔子的「不義而富且貴」，到對付愛遲到的朋友，不論面對的是什麼樣的處境，試探，或壓力，都有必要向內修練，要求自己要學習、要理解，要讓生命有更高的、更值得追求的價值，要讓生命更有意義。

前面曾說過，做君子要有基本功夫，要能真誠待人，自我反省，這些都是最基本的向內修練。向內修練有很多層次，也是無止盡的。我們面對環境，面對問題，面對各種挑戰，一方面要尋求客觀有效的方式來處理問題，但也明白在成功與失敗之間，還有太多不可控制的變數。所以另外一方面，也要藉向內修練來提升自己。不論成功或者失敗，都要尋找到這個處境或結果對我的意義，讓它來對我提出要求。然後要求自己面對這些處境，向內修練，藉此學習，理解，成長、並提升自己的境界。使自己能以更豁達、更和諧、更有智慧的方式，來處理人生的各種際遇。如此才能脫離困境，人生也才有幸福可言。

讀論語做自己

看

第十三講

聽

第十三講

✽ 金句選粹

．**富與貴是人之所欲也，不以其道得之，不處也。（里仁篇）**

富有與尊貴是每一個人都希望得到的，但是，如果是用不合正道的手段，以不正當的方式，才能得到，那我寧可不要。相對的，貧困與低賤是每一個人所厭惡的，但若是要用不正當的方式才能避免，那我寧可面對。因為人生有比富貴貧賤更重要的事要考慮，那就是人生要合於正道。

．**求則得之，舍則失之，是求有益於得也，求在我者也。求之有道，得之有命，是求無益於得也，求在外者也。（孟子．盡心上）**

有些東西，只要努力追求，就可以得到；若不想要得到，也就會失去它。這種東西是尋求有助於得到，因為所求的東西本來就是屬於我的，是內求，它就在我身體裡面。例如說真誠自重。也有些東西，想要得到它就必須想方設法，但是能不能得到仍要看命運的安排。這種東西不是我努力想要就可以得到的，懇求並無助於得到它。因

✽ 金句選粹

為所求的東西在別人那裡，原本不是我的，是外求。例如說榮華富貴。

・**趙孟之所貴，趙孟能賤之。**（孟子．告子上）

權臣趙孟能給的榮華富貴，趙孟也能拿回去，使人回到貧賤。廣泛的說，只要是求人求來的，別人給的東西，別人也可以收回去。

・**喜怒哀樂之未發，謂之中。發而皆中節，謂之和。**（中庸）

喜、怒、哀、樂等情緒，尚未表現出來的時候，藏在我的心中，稱之為「中」。當我在環境中，與不同的人或事接觸的時候，會引發出各種情緒。若能在應該喜悅的時候喜悅；應該生氣的時候生氣；應該哀傷的時候哀傷；應該歡樂的時候歡樂，無論外在的人事如何變化，我的情緒都能夠適當的抒發。這就達到了與天地萬物和諧相處的境界。能做到適當和諧，那就會感覺到天地各安其位，萬物得以各自發展。

十四、盡心知天：讓活著的每一天都有意義

本單元要來談一談儒家的「天」以及「天命」，這關係到生命的終極意義。我到底是在忙什麼？我活得有意義嗎？類似問題雖然不會經常出現在日常生活中，但是，在人生的某些時點，我們總要暫時停下忙碌的腳步，問問自己這個人生終極問題，於夜闌人靜之時。

本書一開始，在「認識自己」單元中，把宇宙分成了人、自然界、及超越界三個部分。並且強調，儒家的主要關懷在人。現在則要來談一談超越界，以及人與超越界的關係。超越界指的是超越自然、超越生命、超越人類認知能力之領域，以及其中的相關事物，諸如鬼、神、靈魂、上帝這類的。人不能夠直接認識超越界，但仍可以與超越界建立關係。就像我們不能夠真正得知神、佛，天堂、地獄的真面目，可是這

並不妨礙我們對神、佛的信仰，藉信仰建立關係。

❖與超越界建立關係

如果把上述人與超越界的關係加以說明，形成一套理論，並且在社會上宣揚，擁有相關的信徒及團體，進而成為某種文化，就可以稱之為宗教。宗教必定是以超越界為信仰的對象，而且有一定的教義、組織、與信眾。那麼儒家是否是宗教呢？孔子有沒有宗教信仰呢？

在《論語》八佾篇，衛國大夫王孫賈問孔子：「與其媚於奧，寧媚於竈，何謂也？」孔子回答：「不然，獲罪於天，無所禱也。」「奧」就是奧神，一棟房屋裡邊最深奧的地方就稱作奧，奧神就是屋內的主神，尊貴，但不管事。「竈」就是竈（灶）神，廚房燒火要有爐灶，竈神就管人間日常飲食瑣事的神，祂的地位雖然不若奧神，但竈神和人類的日常生活有直接的關係。王孫賈是衛國的大夫，他故意問孔子：「與其討好奧神，不如討好竈神，這句話對不對？」這裡面當然有些政治含意，奧神就象徵著君王及內廷的心腹，竈神就象徵朝廷管事的外臣。孔子一方面不願意陷入衛國的政爭。另外一方面也提出更高的境界，以「天」來作答。所以他說：「獲罪於天，無所禱也。」在奧神和竈神之上，還有上天。如果得罪了上天，再怎麼向奧神、竈神禱告也沒用，這是因爲孔子把「天」當作最高的主宰者、審判者。「天」也就是超越界的代表。

❖「天」代表超越界

又有一次，孔子和他的學生子貢聊天的時候，發出了如下的感嘆，孔子說：「天何言哉？四時行焉，百物生焉，天何言哉？」也就是，有時候無聲勝有聲。老天爺並沒有對我們說話或發號施令，但是日月星辰仍舊是有秩序的運行，春夏秋冬也依照一定的時序輪轉，地上的動植物也隨著四季而生長繁衍，老天爺何必說什麼呢？

從孔子的這些言論中，清楚顯現出來，孔子心目中的「天」，不僅只是頭頂上的天空及日月星辰，也是超越人間的最高主宰。天也代表著天理、天道，天不只是超越人間的最高主宰，也是萬事萬物運行的道理，人類應該效法的榜樣。孔子並不否定有奧神、有灶神，也以天作為人間命運的最高主宰者，但是孔子也說「敬鬼神而遠之」。

就此可知，孔子並不是沒有宗教信仰，但是孔子的學說並不依賴宗教信仰。儒家雖然不是宗教，對於超越界也沒有什麼具體的描述或是教義。但是儒家有宗教情操，能在人與天之間，也就是人與超越界之間，建立關係，並且將生命做全然的付託。那麼儒家是怎麼描述人與天的關係呢？

❖人與天

孔子說，「五十而知天命」，又說，「不知命，無以為君子也」，前面單元也都提過。知命就是知天命，「命」就是命令，在古代「命」和「令」根本就是同一個字。天命就是天的命令，也就是上天——人間命運的最高主宰者，給人的命運或使命，就「命運」來說，人必須接受天命，接受命運的安排。就「使命」來說，人必須承擔天命，承擔上天交付的使命。不過，事實上「天何言哉？」，除非某個人有特殊的神秘經驗，否則人是不可能真正聽到上天傳來的旨意或命令。那我們又如何能得知天意呢？如何能知天命呢？

孟子說：「盡其心者，知其性也。知其性，則知天矣。存其心，養其性，所以事天也。殀壽不貳，修身以俟之，所以立命也。」意思是一個人如果能夠充分的省思自己內心的要求，就會正確的認識到自己的本性。充分了解自己的本性，就會了解天意。一旦了解天意，也就是上天對我的要求，就要守住自己的真心，養護自己的本性，用這種方式來事奉上天。不要因為生命的長或短而改變態度，努力修練自己，以等待上天交付的任務，這就是安頓自己人生使命的正確方式。

為什麼孟子會這麼說？因為儒家把「人」歸根於「天」，人與天是相通的，人性是天所給的，所以從內在的人性中，可以體察天意。現代人可能會說：人是演化來的，不是天所生的。可是這個並不矛盾。因為就算是演化，也要有個起點，這個起點我們就可以說是天，所以人和大自然都可以說都是來自天。至於「盡心」為何可知「天命」的涵意？這可以從客觀面及主觀面來講。從客觀方面來看：人是天所生養，人性為天所賜，人性與天理相通。所以盡心認識自己的本性，就可以進一步揣摩天何以讓我如此，何以要求我如此。從主觀方面來講：我的志向，我的天命，何以是這樣而不是那樣？如果想要追究根本原因，最後我只能訴諸天意，是上天造就我、啟發我，要求我這樣的。

❖ 天命、天道與人道

從這段話裡邊，也可以明顯的感覺到，儒家的確是以「天」為超越界的代表。對於有宗教信仰的人而言，這個「天」就相當於我所信仰的至上神，宇宙的創生者，超越人間及萬物的最高主宰者、最後的審判者。對於沒有特定宗教信仰的人，其實也需要「天」這個終極概念，以作為萬物的來源與歸宿，以及人間一切現象背後的終極原理及力量，所以我們會說「天道」、「天理」。

關於天與人的關係，在《中庸》有一段十分精練又具總括性的文字，說：**「天命之謂性，率性之謂道，修道之謂教。道也者，不可須臾離也。可離非道也。」**「天命之謂性」，就是說人性之所以如此，是上天所造就的，這個前面提到過。接下來，「率性之謂道」，「率」就是順，順著本性去做就是道。道本來的意思是指道路，道路有其象徵意義，道路必通往某處，通往某目的地，所以通往目的的方法或規則，也稱為道。「道」在此就是指通往人生目的的正道。順著人的天性去走，就是正道，就可以到達人生的目的，也就是完成天命，所以說「率性之謂道」。「天命之謂性」及「率性之謂道」兩句話合起來看，似乎有相當的信仰成分——相信整個宇宙的發展有其目的性。上天把人安排成生下來這個樣子，是有目的的，是要來完成天所交付的使命，所以人對天是有責任的。再次強調，這裡所謂的「性」，是指人的天性之中，有異於動物的那一部分。儒家認為，人有向善的天性，此有別於動物，這在「人性向善」單元中有比較多的討論。

接下來，「修道之謂教」，修道並不是要整修道路，而是要修練自己，使自己能夠更符合人生正道。如何修？要靠教導。重視教育是儒家的特色。一方面這個人性，這個道，有點隱晦，需要人來指點。另一方面，這個道，人生的正道，一旦自己瞭解而且掌握，就片刻都不能偏離。如果偏離也沒關係的話，那就不是所謂的「道」了，所以說「可離非道也」。

❖超越生命的向上力量

《中庸》這一段話，和前面孟子說的「盡心、知性、知天」的道理，是一致的，都在說天命與人道的關係。孔、孟所說的道，與其說是天道，不如說是人道。但是儒家相信，人道和天道並非兩不相干，人道就來自天道。人道向上可以通天道，因而此

「天」，就能給人無限向上的力量。孔子便說：「不怨天，不尤人。下學而上達。知我者，其天乎。」在憲問篇，這是孔子的自述。「下學」指人間的學習。「上達」指向上可通達天意。下學是方法，上達是目標。從這裡可以看到，天能給人無限向上的可能。「不怨天、不尤人。」在說能不能向上，全在自己，不怨環境，更不埋怨別人。這種心境只有自己以及上天能夠明白，所以說「知我者，其天乎。」的確，有些時候，我的心願，我的志向，只有自己清楚，再來就只能寄託給冥冥中的上天了。

孔子在里仁篇也說：「朝聞道，夕死可矣。」乍聽之下有些費解，其實有很深的含意。「朝聞道」的道，當然是指人生的正道，可無限向上延伸的生命之道。「聞道」，也不只是聽到或聽懂一個道，而是找到一個自己誠心接受，而且願意終身奉行的人生之道，作為自己天命的道。一旦得到了這個「道」，生命就有了意義。為了實踐這個道，實現這個天命，讓人生更有意義，即使犧牲性命在所不惜。所以說「夕死可矣」。整句話的意思是，一旦找到自己生命的意義，就可以用生命來實踐這個意義，要為這個意義而活，也願為這個意義而死。

無獨有偶地，西方哲學家卡謬也說：「真正嚴肅的哲學問題只有一個，就是自殺。」哲學本來應該是要來探討生活的目的，以及生命的意義，和自殺有什麼關係？

其實如果讀懂了孔子「朝聞道，夕死可矣。」就不難了解生命意義與自殺之間的關係。人活著，就是要活得有意義，如果人生沒有意義，沒有目的，甚至沒有方向，那活著做什麼呢？為什麼要活著呢？卡謬不是要人去自殺，而是要人努力找到自己生命的意義。嚴肅的哲學問題只有一個，就是找到生命的意義。只要能聞道、能找到天命，找到自己生命的意義，死或活都可以接受。所以孔子說「夕死可矣」，卡謬說活著就要找出意義，都在強調生命要有意義。

❖ 天命與責任

這裡一再提到天命，天命就是天賦予我的使命，我必須盡力完成上天交付的任務。天命使我的生命有意義，也使我有責任，也關係到我的幸福。孔子知道自己的天命，孟子也有孟子的天命。孔子、孟子都把自己生命的意義向上與天做連結，這當然有其崇高的一面，但也不是必定要把天命看得那麼崇高，天命其實就是我自己認定的人生意義。每個人都有自己的天命，我願意為此意義而活，如此而已。所以養育後代可以是天命，幫助他人可以是天命，挑戰極限也可以是天命，探索新知、成就事業、貢獻社會……這些都可以是天命。天命就是人生的意義，也是自己願意承擔的責任。天命與責任有關，天命離不開責任。不論這個責任是對自己的責任，對他人的責任，或者是對老天爺的責任。

用瞎子和跛子來譬喻，在貧民窟裡邊，有一位雙目失明的瞎子，隔壁住的是一個沒有腳的跛子。兩個人各自過著悲慘的生活，生不如死。有一天，兩人碰面，互相埋怨殘疾所帶來的各種不方便與痛苦。聊著聊著，瞎子就突發奇想：為什麼我們不互相扶持？跛子可以幫瞎子看，瞎子可以幫跛子走，這樣不就什麼都可以做，到處都可以去了嗎？於是瞎子就揹著跛子去買菜，跛子就指揮瞎子搬東西，兩個人一起過日子，解決了很多的問題。有一天瞎子身體有點不舒服，在以前，他一定是賴在床上，自怨自艾。現在不行，因為他想到跛子一定要他幫忙才能走路，所以他必須起床振作精神，因為跛子需要他，照顧跛子是他的天命，是他的責任。就這樣，瞎子在跛子身上找到自己生命的意義，找到自己必須起床振作，要努力活下去的理由。所以同樣的身體，同樣的環境，當兩個人各自過活的時候，全無希望，但是當瞎子有責任要照顧跛子的時候，不需要其他任何改變，活著就有希望，生命就有意義。為什麼會這樣呢？這其中也沒有什麼很大的奧秘？因為「人性向善」，人性本來如此。

❖生命的意義

我們可以這樣看：人活著就必須要有意義，生命必須要有意義，這個意義就是天命，也就是我必須活著的理由與責任。這個意義可以說是我自己體認到的，也可以說是上天給我的。我願意盡一切力量完成上天交付的任務，甚至為此犧牲性命。當我往這個方向努力去實踐，而且得到讓自己滿意的成果的時候，我也就會感到幸福。

這邊提到的是「幸福」而不是「快樂」，這兩個詞在英文都可以是Happiness」或「Happy」，但是幸福和快樂還是有些許差別的。快樂常與歡笑連用，通常指感官享受時的愉悅心情。例如欣賞美好的事物、或與朋友歡聚等等。幸福則常和美滿相連，比較是內心感受到安詳又滿足的心境。幸福經常出現在任務圓滿完成，生命了無遺憾的時候。所以生活順遂的人，可能常在歡笑之中，但未必就會有幸福感。人在負起應承擔的責任，盡力完成任務，並對結果感到滿意的時候，即使身心疲憊，往往會感覺到幸福。

就如同馬斯洛的需求理論：自我實現是人類需求的最高層次。自我實現是在實現什麼呢？就是在實現天命。我知道自己的天命，知道自己生命的意義，並且把它實踐出來，這就是自我實現。不知道天命就沒有辦法自我實現。

有的人可能會問，難道我的生命一定要有意義嗎？難道不能就這樣吃吃喝喝、無憂無慮、快快樂樂地過日子嗎？不是也會感受到幸福嗎？不會！如果是小貓小狗可能會，但是人和動物就是不一樣，因為人有人性。人吃飽喝足了，還會想東想西，想要做自己，想要活得有意義，想要自我實現。如果人生只是吃喝玩樂，沒有責任、沒有牽掛，也不被需要。講的難聽一點，這不能說是幸福，只是說是在混日子等死。這裡提到了貓狗動物，並不是要貶低牠們，貓狗牛馬動物也是有生命的，生命都是珍貴的，並不需要去區分高下貴賤。但是今天我生而為人，那就應該像人那樣，有意義的活著，讓人性能夠充分顯露，這也可以說是儒家「盡心知天」的現代意義。

讀論語做自己

看

第十四講

聽

第十四講

✼ 金句選粹

．**獲罪於天，無所禱也。（八佾篇）**

一個人如果犯了滔天大罪，得罪了上天，再怎麼禱告也沒用。上天不但是我祈禱的對象，也是可加罪於我的最高的審判者、主宰者。

．**朝聞道，夕死可矣。（里仁篇）**

早上聽到自己可以奉行終生的道，生命就有了意義，人生就有了方向。那麼，就算當天就死了，此生也沒有白活。

．**盡其心者，知其性也。知其性，則知天矣。存其心，養其性，所以事天也。殀壽不貳，修身以俟之，所以立命也。（孟子．盡心上）**

一個人若能充分地省視內心的要求，就會真實地認識自己，了解自己的本性。一旦了解自己的本性，進一步也就會了解天意，了解天對我的要求。保存住自己真實的心意，滋養自己的本性，這就是事奉上天的方式。不因生命的長短而改變態度，努力修練自己，以等待上天交付的任務，這就是安頓自己人生使命的正確方法。

✻ 金句選粹

・**天命之謂性，率性之謂道，修道之謂教。（中庸）**

人的本性是上天所賦予的。順著本性向前走的就稱為正道。修養自己走在正道上的就稱為教化。正道的是不可以片刻偏離的。可以偏離而能繼續前往目的的，就不算是真正的正道了。

第四部

周易・道家・佛學

十五、無往不復：神秘又世故的易經哲學

「無往不復」是《易經》裡面的一句話，很能代表周易的哲理。前面單元談到儒家，儒家思想代表的是人文精神，重視人的價值，重視自己的內在，要求向內修練成為君子，成為更好的人，來面對外在的世界。但是人的力量真的能夠克服一切外在的困難嗎？人有沒有不知所措的時候？人在不知所措的時候，有沒有可能想要問問老天爺的意思呢？這就要談到古老的學問——易經，或稱周易，以及其中神秘又世故的易經哲學。

❖ 一門古老的學問

先從《易經》泰卦中的一句話：「无平不陂，无往不復。」開始。這裡的「无」和「陂」，都是古寫，因為《易經》這本書很古老，所以裡面用的字都是古代寫法。「无」就是無，「陂」就是坡。這句話的意思是說：沒有一條路可以是一直平坦的，不會遇到上下坡。也沒有一件事情是可以一直往同一個方向發展，而不用回頭的。因為事情總是在不斷的變化循環當中。這句話非常有代表性，後面還會再談到。《易經》簡稱為《易》，英文翻譯就叫《The Book of Change》。Change 就是變易，變化，「變化」可以說是《易經》的關鍵字。

清代四庫全書的編纂官，整理了幾百部古代關於《易經》的著作之後，歸納出一句話：「故易之為書，推天道以明人事者也。」《易經》是教我們推演天道的，目的是什麼？還是在明白人間的事理，這句話說得非常透徹。

《易經》相傳是周文王所做的，但其中有很多爭議，古人大多相信是，今人則多持懷疑的態度。不過，至少確定本書大概是在商朝末年，周朝初年就已經成形了。在漢代又成爲五經之首，五經就是指《詩經》、《書經》（又稱尚書）、《易經》、《禮經》、及《春秋經》。在周朝，本來是以《詩經》、《書經》最為重要，到了漢代，就變成以《易經》為五經之首。其中有個緣故：在秦始皇焚書時，《詩經》、《書經》以及諸子百家的言論都不能夠私下討論，也不能夠私自收藏。但是《易經》被歸類為醫藥、卜筮、種樹類的書，就被保存在民間，得以流傳，逃過了這一劫。這也說明了《易經》原來是用來做卜筮的書。

❖占卦決疑與陰陽八卦

「卜」指為龜卜，「筮」為占卦，古人用「卜」及「筮」來解決心中的疑惑。《書經》洪範篇，周武王向商朝的箕子請教治國之道，箕子就對武王說：「汝則有大疑，謀及乃心，謀及卿士，謀及庶人，謀及卜筮。」「筮」就是用《易經》來占卦，藉籌策占卦推算天意以明人間之事。箕子解釋得很清楚：當我心中有大疑惑的時候，先問自己，問自己的心是怎麼想的，所以說「謀及乃心」。若沒有辦法決定的時候，就問這些大臣、問老百姓，所以說「謀及卿士，謀及庶人。」但是當我盡一切的人事努力，還是沒有辦法做決定時候，最後只能訴求天意，也就是「謀及卜筮」，以龜卜及占卦來謀算。如今龜卜的方法已經失傳了，但占卦的學問還保留在《易經》中。

占卦推算天意的方式要先從陰陽八卦說起，《繫辭傳》說：「一陰一陽之謂道，繼之者善也，成之者性也。」《繫辭傳》是古代解釋《易經》的一本權威著作，後面還會再提到。一陰一陽彼此搭配互動就稱為「道」，是萬物生成變化的總原理。依照這個道理繼續的運作，就是「善」。這個道理之所以可以運作完成，就因為道理本來就存在萬物的本「性」當中。這段話聽起來似乎有些神祕，其實是將世界的生成變化極度濃縮簡化的結果。生命世界本來就是如此，一切生命都須陰陽交配，才能繁衍後代。能繁衍後代，生生不息的，就是「善」，繁衍不息的能力，就藏在生命的本性之中。

《繫辭傳》又說：「易有太極，是生兩儀，兩儀生四象，四象生八卦，八卦定吉凶，吉凶生大業。」兩儀就是指陰和陽，或說，陽剛與陰柔。四象指少陽、少陰、老陽、老陰。可用數字來代表，在古代奇數為陽，偶數為陰。六為老陰，七為少陽，八為少陰，九為老陽。老陰，老陽可陰陽互換，變化生息。

八卦就是指☰乾、☷坤、☵坎、☲離、☶艮、☱兌、☴巽、☳震，分別象徵天、地、水、火、山、澤、風、雷八種自然物，以及這八種自然物相關的類比與聯想。例如坎為水，水與山泉，雲雨，河川有關。古代無力築橋，橫渡大川困難又危險，所以水又象徵險難。「八卦定吉凶」是說根據八卦象徵的原理，就可以判定吉凶。「吉凶生大業」不是說吉凶可以生出大事業，是說當我學會了用八卦來判定吉凶的這個方法之後，就可以預測吉凶，進而趨吉避凶，因此事業就會做得很有成就，所以說「吉凶生大業」。此陰陽八卦就是《易經》占卦的最基本元素。

❖《易經》六十四卦

八卦各由三個陰陽符號組成，再把兩個八卦相重，八八就得六十四卦。每卦就有六個陰陽符號。這六十四卦兩兩成對，就構成了三十二對，例如說䷀乾、䷁坤就是一對，蘊義陽剛與陰柔；䷂屯、䷃蒙就是一對，蘊義草創與啟蒙；䷄需、䷅訟就是一對，蘊義等待與訴訟。每一對不是陰陽互換，就是上下顛倒。而且每對兩個卦所代表的意思也都有相對的關係，非常巧妙，可惜短時間之內不易解釋清楚。但至少知道，每一卦有六個陰陽符號，稱之為六爻。六爻由下而上，是有順序的，而且陰陽上下之間，可以推移變化，一旦變化，就可以從這個卦變到另外一個卦，非常地複雜。

每一個卦，在卦畫之下又繫有卦辭，六個爻也相對有六則爻辭。以下就以乾卦為例，略看一個卦的卦畫、卦名、及卦爻辭。

䷀乾　元亨，利貞。

初九．潛龍。勿用。
九二．見龍在田。利見大人。
九三．君子終日乾乾，夕惕若。厲，无咎。
九四．或躍在淵。无咎。
九五．飛龍在天。利見大人。
上九．亢龍。有悔。

乾卦是六十四卦的第一卦，乾卦☰由六個陽爻構成的，他的卦辭是「元亨，利貞。」元就是第一，貞就是貞問，「元亨利貞」就是最亨通，而且利於貞問。下面六爻，分別以龍來代表君子。初九，「潛龍勿用」。初就是指第一爻，就是最下面那一爻。九就是代表陽爻。「潛龍勿用」就是說：得此爻，代表是潛伏未出的龍，不要有所作為。九二，「見龍在田。利見大人。」二就是從下往上數的第二個爻，也是陽爻。「見」是「現」的古寫，龍出現在田野中，利於拜見長官大人。「乾乾」的「乾」就是「健」，所以第三爻在說，君子整日強健勤奮，到了晚上仍然警惕不鬆懈，雖然艱辛但是沒有咎難。第四爻在說，躍向青天或是潛入深淵，也是沒有咎難。第五爻在說，龍在天空飛騰，利於拜見長官大人。第六爻，龍在極高處，將會有所懊悔。

所以乾卦六爻，由下往上，每一爻都在說龍，都在說君子。在此受篇幅所限，無法做比較詳細解說，但大概可看出，此卦六爻，由下往上，正好就代表君子成長的六個階段。一開始是潛龍，潛伏在地下或在家中，然後出現在人間，到社會。再來，終日努力，自我警惕。努力的結果可能是上去了或者上不去。到了九五「飛龍在天」，也是君子最有成就的時候。到了上九「亢龍」，反而又有怨悔了，正是所謂「高處不勝寒」，已經飛龍在天了，還要往上走，就遠離人間了，就會有所後悔。

九二說得「利見大人」，像是剛進社會的新鮮人，的確需要貴人來提拔；九五又說「利見大人」，我們在獨當一面成為領袖人物時，也的確會和其他的領袖人物交往。所以讀《易經》的卦爻辭，一方面好像是在說自己可能遭遇到的情境。另一方面，又好像是世故的長者在指點人生。這也是《易經》讀起來非常有趣的地方。

❖《易經》哲理

從「飛龍」在天到「亢龍」有悔，這其中的轉折不是偶然。它在反映一個道理：

當事情一直往上發展，到了頂點，就會產生變化。整部《易經》幾乎都在說這個道理。所以《易經》不止是一個占筮的書。它還包含了一些哲理。談到《易經》的哲理，我們就要談到易傳。易傳是解釋《易經》的權威，相傳是孔子做的，包括了《彖傳》、《大象傳》、《繫辭傳》等等。易傳就對於《易經》提出非常豐富的義理解釋，使《易經》從占筮的書，轉向為義理的書。以下簡單以《大象傳》的「乾」「坤」兩卦為例，略略欣賞《大象傳》如何以義理的方式解釋《易經》。

乾：天行健，君子以自強不息。

坤：地勢坤，君子以厚德載物。

「自強不息」與「厚德載物」，都是現在常見的兩句話。《大象傳》基本上就是把六十四卦的卦象象徵，轉變為對君子的啟示。例如《易經》以乾為天，《大象傳》就說：「天體運行剛健不已，所以君子從天體運行當中得到啟示，要求自己奮發向上，不斷地提升自己。」同樣，《易經》以坤為地，《大象傳》就說：「大地順承天時，生養萬物，所以君子從大地的承載當就得到啟示，要厚植自己的德行，要承擔撫育萬物的責任。」從這個例子中可以感受到，《大象傳》完全不涉及到占筮與預言吉凶，而是用另一種觀點解釋《易經》的卦畫及卦名。

我們讀《易經》，不全是為了推算命運，預言吉凶。更常是因為是想去了解《易經》裡面所蘊含的義理，這也是古人如此看重《易經》的原因。孔子說：「加我數年，五十以學易，可以無大過矣。」在《論語》述而篇，正是孔子看重《易經》，喜歡《易經》非常重要的證據。《繫辭傳》也說：「君子居則觀其象而玩其辭；動則觀其變而玩其占。是以自天祐之，吉无不利。」所以讀《易經》有兩條路：一是從它的卦象及卦爻辭當中，探索它的人生哲理，所謂「觀其象而玩其辭」。另外就是利用它來占筮推算，以預言吉凶，即「觀其變而玩其占」。不管是用以探索哲理，或者是用來占卦，都可以得到來自上天的庇佑，吉無不利。「自天佑之，吉無不利。」這句話即出自《易經》的大有卦。

古代的讀書人多是儒者，讀《易經》所悟的義理，有相當成份是從儒家的觀點來解釋。不過，即使我們不是刻意從儒家的觀念來看《易經》，也可以從中讀到相當多人間哲理，以及所暗藏的宇宙規律。

❖ 宇宙規律

首先，它是一個二元的有機宇宙論。從《易經》觀點，整個宇宙是有生命的，並且以陰陽、雌雄、動靜，來生成天地萬物。前面提到《繫辭傳》「一陰一陽之謂道」，陰與陽互相對立，而又互相依存。陰中可以生陽、陽中可以生陰。所以少陽可以變老陽，老陽可以變少陰，少陰又生老陰，老陰又變少陽，生生不息。

再者，前面一開始便提到「无平不陂，无往不復」，在《易經》泰卦六十四卦的順序安排中，泰卦後面是否卦，故說「泰極否來」或「否極泰來」，顯然是指物極必反的道理。

《繫辭傳》也說：「易，窮則變，變則通，通則久。」「窮」不是現代常說的貧窮，是指到了盡頭。一件事情一直往前發展，最後就到了盡頭。到了盡頭的時候，就不能繼續，就要改變。一旦改變了以後，路又通了，所以說「變則通」，通了又可以繼續長久發展，所以說「通則久」。發展久了，又到窮盡的時候，反覆不斷循環。「變則通，通則久」後面藏著一句「久則窮」，是一個無限的循環。

「一陰一陽」，「物極必反」，「窮則變，變則通，通則久，久則窮。」都是《易經》中暗藏的哲理的幾個例子。《易經》的卦爻辭，本身就含有豐富的哲理，這些哲理與其說是邏輯推論，不如說是人生經驗的歸納。

❖ 占卦的規矩

《易經》不只內含人生哲理，也被用來占卦，預言吉凶，因此帶有神秘的色彩。在此無法細談以《易經》來籌算與占卦的方法，只能常識性地說明占卦的規矩與禁忌。

首先，占卦必須是當事人偶然得到的結果，不能是事先的安排。不能作弊，不能為了想得到一個泰卦，就暗中安排，占到泰卦，這是沒有意義的。再者，不邀占，一事不二占。不邀占，就是不能今天學會了以《易經》算卦的方法，碰到熟人就問：「朋友，要不要來占一卦？」那是江湖算命糊口的作風，不是讀《易經》的目的。一事不二占，指心中若有疑惑會想占卦解惑，但不能因為對占卦結果不滿意，就再占一次，不能同一問題，接連占兩次或多次，然後再選一個自己喜歡的。

另外，有些情況也不宜占卦，例如不義不占、不誠不占、不疑不占。不義不占是指：這件事情不該做，例如說鄰家有件好東西，我很喜歡，想占問一下可不可以去偷來，佔為己有？這不行。不義的事，不應該做的事，就不要去做，完全不需要占問。不誠不占，例如前面的一事二占，或為了得好占而作弊，就是不誠。也有人心中視占卦為無稽，卻又輕率起卦占問，這更是不誠。不疑不占，指心中早有定見，沒有疑惑，這怎麼會要占問呢？這些都是占問者要注意的禁忌。所以，若自己不會占卦，也沒有想到要占卦，但別人主動來表示想幫我占卦；或是自己根本沒有問題，卻去請別人算一卦，打發時間。這樣的占卦都是沒有意義的。

到底占卦有什麼意義？占卦的結果有沒有參考價值？其實重點不是在占卦，而是對於占卦結果的推演及解釋，所以說「占卦容易解卦難」。要對占卦的結果做好的解釋，就必須熟讀《易經》並掌握其義理，還有豐富的人生歷練。

❖ 理性如何待算卦

有人認為算卦是迷信，其實理性與占卦行為並非矛盾。西方心理學家榮格說：「占卦是有意義的巧合」，占問者占得某卦，是一個偶然，湊巧如此。占卦的結果和占問者的心境之間，看起來好像是沒有理性能解釋的因果關係，只是湊巧，但是這個巧合的發生，對於占問者是有意義的，所以是「有意義的巧合」。所謂的解卦，就是在看起來像是沒有關係的巧合中，找出對占問者的意義。藉由解卦，去理解所占得之卦，在對占問者說什麼。其中關係可用以下實例來說明。

宋朝大學問家朱熹，廣注四書，為一代大儒，也是研究《易經》的權威。朱熹年老的時候，一方面在朝為官，一方面也在民間講學，有許多的弟子追隨。當時有奸臣韓侂冑當權，朱熹欲上書皇帝，勸諫皇帝不要重用此人。弟子力勸不可，恐怕會招韓侂冑報復，有殺身之禍。朱熹聽不進去，弟子反覆勸說，雙方僵持不下。後來有個弟子蔡元定建議：我們占個卦吧。於是朱熹焚香淨身祈禱，占得了一個遯卦。遯卦在說隱遁，要低調，要遠離是非。朱熹見到遯卦，就陷入沉默。後來再想一想，就把奏稿燒掉了，辭官歸隱，從此自稱遯翁。

為什麼朱熹在那個情境之下會占得遯卦？是一個無意義的偶然？還是有意義的巧合？對朱熹而言，占卦的結果是有意義的，是有啟發性的，在解決他與弟子的疑惑及爭執之間，起了關鍵性的作用。

前面曾提及：占筮的目的在決疑。當我心中有很大的疑惑，而且不是理性所能夠論斷的時候，怎麼辦？不妨誠心占卦，問一問天意。更重要的是，從占卦的結果中，從中得到一些啟示。從此觀點來看，占卦問事未必是迷信，我們或可以更寬闊，更持平的眼光看待《易經》占卦的行為。

✻ 金句選粹

・**无平不陂，无往不復。（泰卦・九三）**

沒一條路可以平坦的一直走下去，而不會遇到上下坡。也沒有一件事情，可以一直往同一個方向無限發展，而不用回頭的。事情總是在不斷的往返循環之中。

・**乾：天行健，君子以自強不息。坤：地勢坤，君子以厚德載物。（周易・大象傳）**

乾卦：乾為天。天體運行，剛健不已。君子從天體運行中得到啟示，要求自己要奮發向上，不斷提升自己，永不懈怠。

讀論語做自己

看

第十五講

聽

第十五講

✲ 金句選粹

坤卦：坤為地。大地順承天時，生養萬物。君子從大地承載中得到啟示，要能厚積自己的德行，承擔輔育萬物的責任。

・**一陰一陽之謂道。（周易．繫辭傳）**

陰和陽二元素組合搭配，彼此消長互補，這個道理就稱為道，道是萬物生成變化的總原理。依照這個道理繼續運作就是好的，善的。萬物所以能存續發展，一切生命所以能生生不息，也就是靠著此陰陽互補的性質才能夠完成。

・**窮則變，變則通，通則久。（周易．繫辭傳）**

任何事物，一直往前發展，總有窮盡的時候。當事態發展到了盡頭，不能繼續，就必須要改變。一旦有所改變，原來的絕路就通了，又能繼續發展。一直往前發展，又會有窮盡的時候。如此反複，不斷循環。這就是事物的真象，世事的通則。

十六、道法自然：歷久彌新的古老宇宙觀

《老子》書中說「道法自然」，本單元藉著這句話，來談一個歷久彌新的古老宇宙觀。說它歷久彌新，因為它是成熟於兩千多年前的思想，但其中精華，對於宇宙永恆而且根本的存在所做的討論，即使放在現代的哲學思辨中，仍然毫不遜色，非常精彩。這個思想核心就是「道」，所以稱之為道家，或道家思想。前面曾提及，儒家是人本思想，關懷在人間。道家的關懷則在「道」，超越人文，以公平對待天地萬物。此可從一個故事說起。

春秋時，楚國國君在山林中打獵，不小心把一把寶弓遺失在野地裡。隨行的臣子和侍衛很緊張，紛紛到野地裡去尋找。楚王就阻止他們，說：「何必呢？不用找了，楚人失弓，楚人得之。」這件事情傳開來，大家都很佩服楚王的豁達與胸襟。孔

子也聽聞這件事，認為楚王好是好，仍有不足，於是評論：「有人失弓，有人得之。」意思是說何必一定要「楚」人得之呢？

道家的代表人物——老子，聽到孔子的評論，就說：「有失弓，有得弓，何必一定要人得之呢？」當然這個故事是後人編出來的，但是反映了儒家與道家的差別。儒家主要關懷的是人，不論是楚國人、魯國人還是齊國人，人與萬物是有區別的。道家則不在意這個區別，關懷的是道，人與萬物一視同仁，人只是萬物之一，或說人與萬物都來自道。

❖ 道家與儒家

道家思想可追溯到古代的隱士，《論語》中多次提到隱士。例如在微子篇記載，孔子周遊列國時，在楚國偶遇一位隱居在市井的狂士，叫接輿，在迎面經過孔子馬車的時候，高聲唱著：「鳳兮鳳兮，何德之衰。往者不可諫，來者猶可追。已而已而，今之從政者殆而。」「鳳」是古代傳說的神鳥，用以象徵有聖德的人。歌詞內容是：「鳳鳥啊！鳳鳥啊！你的德能為何會衰敗呢？過去的事已經無法挽回，未來的事還來得及把握。算了吧！算了吧，現在的從政者有些危險啊。」孔子聽到了，就下車，想要和他交談。接輿卻跑不見了，這很合隱士的風格。下車的這個動作，表示孔子對隱士的尊重。

春秋時代，許多貴族子弟在國亡家破之後，流落民間。這些人雖然有學問，或許因為看破政治險惡，或者不願意被異國統治，寧願遠離權力，隱居到山林或市井之中。所謂「苟全性命於亂世，不求聞達於諸侯。」就是對這類人的形容。隱士與亂世有關，身處亂世時，儒家仍欲奔走濟世，關懷社會。道家則選擇避世，不願被統治，也不願受禮教規範的束縛。

❖ 老子道德經

《老子》又稱《道德經》，相傳是老聃，也就是老子所著。《史記》老莊申韓列傳說：「老子乃著書上下篇，言道德之意五千餘言而去，莫知所終。」又說：「或曰：老萊子亦楚人也，著書十五篇，言道家之用，與孔子同時云。」從「或曰」二字可見，司馬遷寫《史記》的時候，已經不能確定《道德經》的作者是誰了。

《道德經》分上下篇，共八十一章，每一章就是一篇短文。一到三十七章為上篇，又稱《道經》，三十八到八十一章為下篇，又稱《德經》，合稱《道德經》，這名稱和倫理道德沒有關係。道與德，先有「道」，後有「德」。道家的道，有非常深刻的哲理，下面會略作介紹。「德」指修道有所得，也就是得之於「道」者。

❖道家的「道」

道家以「道」為學派之名，再次強調，道家的「道」與今日所說的道德，或儒家的道，一點關係都沒有，是道家特有的觀念。《老子》第一章說：「道可道，非常道。名可名，非常名。」這十二個字好像在玩文字遊戲，需要略加說明。第一及第三個「道」字是名詞，指心目中「道」這個概念、這個東西；第二個「道」字是動詞，就是言說、談論。「道可道，非常道。」就是說「道」如果可以談論的話，就不算是真正的、永恆的「道」了。

「名」指的是一個概念，及這個概念的名稱，以用來指稱或命名事物。例如我說這是一張桌子，要先有「桌子」這個概念，才可以指稱這個東西是桌子，也就是「名實相符」，如果我指著一根棍子，說這是桌子，是名不符實。所以，先要有一個概念，並且給這個概念適當的名稱，才能用這個名稱來指稱一個性質合於這個概念的事物。而且，一旦用名字來指稱某事物，那事物也就會被這個名字限制住了。例如，當我指稱一個家具是桌子，那它就不能是椅子，也不能是衣櫃，不能是別的東西。所以「名可名，非常名。」是說：一個概念名稱，如果可以用來指稱一個東西，而且能「名實相符」，那這個概念就不算是真正能普及萬物的概念。

上述是就字面意思的解釋，那麼「道可道，非常道。名可名，非常名。」這十二個字，到底在說什麼呢？其實是說：這個永久且普遍存在的「道」，是沒有辦法談論，也沒有辦法用言語說清楚，甚至是沒有辦法給一個適當地能「名實相符」的名稱。為什麼這麼說呢？因為它太玄妙了，超越了我們經驗所能認識的範圍。

雖然「道」是這麼的玄妙，難以描述說明。但是因為它太重要了，老子還是費了很多口舌，去解說「道」是什麼。《老子》第二十五章，就用了各種方式，來描述這個道。由於這段文字較長，先只取頭尾：「有物混成，先天地生。寂兮寥兮，獨立不改，周行而不殆，可以為天下母。吾不知其名，字之曰道。……人法地，地法天，天法道，道法自然。」

「有物混成」就是這個東西渾然為一體，不可分割。「先天地生」指這個東西出現在還沒有天地之前就已經存在了。「寂」是寂靜，「寥」是空虛，「寂兮寥兮」是指這個東西似有似無，不易察覺。「獨立不改，周行而不殆」是指它不依靠任何其他的東西，而能獨立的、永恆的存在，並且持續地循環運動，永不停止，可以作為天下萬物的母體。

那麼這個東西到底是何物呢？因為它太玄妙了，沒有辦法正確的命名，只能勉強取個綽號，叫做「道」。要讀懂「吾不知其名，字之曰道。」這幾個字，一定要先讀懂「名可名，非常名」這句話。名必須符實，一旦給了名，就是給了一個限制。但是這個東西太廣泛，太普遍，太微妙了，如果說它是這個，就不能是那個，名字限制了我們的想像力，以致無法命名。所以「道」只是我們為了方便，給這個東西的一個稱呼，一個「字」號，不能算是真正的「名」。真正玄妙、永恆、超越一切的東西是沒有辦法命名的。

❖ 道法自然

此整段文字，就是在描述在宇宙開始的時候，就已經存在一個被稱之為「道」的東西，「道」普遍存在天地之間，萬物之中，是無所不在的，是永不止息地發揮作用，影響萬物。但它的作用又非常微弱，不易察覺。所以我們也感受不到它的存在，以為「道」是一片虛空。用哲學術語來描述，「道」是形而上的，超越的，只能推論與想像，無法實際感受到。

後面又說「**人法地，地法天，天法道，道法自然。**」「人法地」容易理解，俗話說「靠山吃山，靠水吃水」，「一方水土養一方人」，住在山上的砍柴打獵，住在湖邊的划船捕魚；南方人種稻，北方人種麥，人依著大地法則而生活。接下來，「地法天」是指大地的一切生命隨著天時運轉，春耕、夏耘、秋收、冬藏。「天」雖然至高至大，但是日月星辰的運行以及四季的輪轉，隱然有一定的律則，這個律則就是「道」，「天」也要遵守「道」的規範，所以說「天法道」。

最困難的來了，「道」本身又依什麼規則運作？什麼東西能讓「道」來運作呢？《老子》說：「道法自然」。這裡的「自然」不是指自然界，更不是大自然。天地屬於自然界，道在天地之上，在自然界之上。這裡的「自然」是指「自然而然」，「法」指法則。「道法自然」是指，道的法則本來就是如此而已，沒有別的因素。所有因果關係推論，一路從「人」推到「地」推到「天」推到「道」，但推到這裡就是極至，不能再往上追問了。因此「人法地，地法天，天法道，道法自然。」或者可以更精簡地說：「人法道，道法自然。」

❖上善若水

由於「道」是抽象的，不可思議的，大家未必能夠真正的理解。所以老子又舉了比較容易懂的例子，「上善若水。水善利萬物而不爭，處眾人之所惡，故幾於道。」在第八章。老子用水來做比喻，讓我們容易想像「道」是什麼。

「上善」是指最高的善，最高的價值，也就是「道」。「上善若水」是指最高的善就像水那樣。萬物都需要水來滋潤，水能使萬物生長，而且公平對待萬物，不起爭執，也不會去區分萬物的貴賤高下，即使在最低賤骯髒的地方，也可以看到水的存在，水的性質幾乎是接近於道了。如果實在無法想像與理解「道」是怎麼一回事，不妨試想天天都會接觸並習以為常的水，就可以明白一個大概了。

水是最柔弱的，任人安排擺布，毫不抗拒。但水滴石穿，能以人難以察覺的方式，破壞最堅硬的石頭。觀察水滴石穿的現象就會明白，「道」雖然「寂兮寥兮」，但因為「周行而不殆」，終而能對萬物造成巨大影響的道理。

所以《老子》第三十二章又說「道常無名。樸，雖小，天下莫能臣。」就是說：道太玄妙太廣泛了，沒有辦法命名。道的作用看似原始樸實，而且力量微小，但是天地之間沒有什麼東西能夠支配它，它最終卻能支配萬物。

就以上的討論中可以大概的理解：「道」無法完全認識，無法用語言描述，也無法適當命名，但卻是真實而且普遍存在。雖然看不到，摸不著，但是我們的理性可以接受，是一種是形而上的存在。這裡有一點要特別注意：道雖然永恆的存在，並且影響到天地萬物的運作，但是「道」不是「神」，沒有神性，它不主宰，也不審判。道的創生及運作是無目的的，無意志的。所以，道家不是宗教，也與道教沒有直接關係。

❖ 道與無為

道家主張「無為」。無為不是無所作為，而是不刻意而為。前面提到「人法道」，人就應該學習道，認識道，效法道。人如果站在道的高度上，看人間萬物之事。就會理解到世界之所以如此，是因為道的運作，自然如此。所以，人應順應自然，清靜無為，不用多加干預。

《老子》第三十七章說：「道常無為而無不為。侯王若能守之，萬物將自化。」「道」看起來好像什麼都沒做，其實沒有一件事不參與。國家的統治者如果明白這個道理，而且堅守這個道理，保持清靜無為，不用費心治理，百姓萬物就會自行發展。若認真看待這句話，就可以理解到，道的運作，正是人能「無為而無不為」的關鍵。人如有足夠的聰明才智，對道能有多一點認識，凡事順著道去做，根本不需要花什麼力氣，或者別人根本看不出來暗中哪裡有花力氣，事情就成了。這個觀念很關鍵，下一單元還會深入討論。

❖ 另一種生活態度

道家與隱士有關，隱士又與亂世有關。如果身處亂世，朝不保夕，人如何安頓自己？當我發現世事無常，充滿變動，面對難以捉摸的命運時，又如何去看待自己短暫的生命？「道」的存在可以回答這個問題，不論世事如何變動無常，生命如何短暫脆弱，但道是永恆的，天地萬物及一切生命，最終仍需回歸於道。道家思想之所以吸引人，這是主要原因之一。

以唐代傳奇小說杜子春的故事為例。杜子春原是富家子弟，父母亡故後，無人管束，又結交一堆狐朋狗友，每日縱情聲色，不事生產，而且出手大方。結果不到三年，就把萬貫家財敗光了，親戚朋友也都離他而去，於是流落街頭，幾乎淪為乞丐。有一天他困坐在老屋前曬太陽，抓蝨子。來了一位老人，站在他前面說：屋子前面左手那顆樹下，你先人埋了一罈金子。杜子春大喜，夜裡偷偷挖出來。於是又發財了，親友也紛紛又來投靠，繼續花天酒地。不到兩年，一罈金子就花完了，杜子春又被打回原形。神秘老人再次出現說：屋前右手那顆樹下，也埋有一罈金子。杜子春挖出來，又發財了，親友故舊、紅粉知己又都回來了，沒幾年，一罈金子又花光光，親友也都散了。正在發愁的時候，老先生又出現了說：「屋子前面……」正要往下說的時候，杜子春跪在老先生面前說：「不要再給金子了。世間的榮華富貴，人情冷暖，我已經看明白了。請收我做弟子，我要跟你學道。」

杜子春為什麼不想要金銀財寶了呢？為什麼想去學道呢？學道在學什麼呢？顯

然不是在學煉金術之類的道術，而是想要認識「道」，追求那個永恆存在，不生不滅的東西。如果我們厭倦了世事的變動無常，以及人間世態的炎涼冷暖，就會想追求真實的、永恆不變的東西——「道」。

「道」永恆存在，一切生命來自於「道」，回歸於「道」。人應該認識「道」，效法「道」，才能應付變化無常的世界。對比儒家積極、主動、陽剛、濟世的生命態度。道家思想強調要有智慧去認識道、效法道、順從道，故改以消極的、順勢的、陰柔的方式來應付人生。

不是每一個人的個性或境遇都適合儒家。有些人原本就對人間的事物比較淡薄，也有些人歷經大的劫難，原先的價值觀徹底崩塌，此時不妨接觸道家思想，或許可提供另一條出路，來安頓我們的人生。

讀論語做自己

看

第十六講

聽

第十六講

✽ 金句選粹

・**道可道，非常道。名可名，非常名。**（第一章）

「道」的意思只能自己心領神會，是沒有辦法說明，沒有辦法談論的。一個東西若可以說得清楚，就不算是真正的，終極的「道」了。一個東西的概念，如果可以給一個與實際內容相符的名字來描述，那此物就不算是真正終極之物了。所以，如果「道」是終極性的概念，那麼「道」其實是沒有辦法命名的。

・**人法地，地法天，天法道，道法自然。**（第二十五章）

人應當效法大地，配合大地來生活。大地也必定會配合天時來生長萬物。天體運行及四季輪轉，也必定是遵守道的法則來運作。至於道法本身，則是自然而然的，自己如此，沒有別的因素來推動道的運作。道是一切運作的終極原因，也是天地萬物終極的效法對象。

・**上善若水。水善利萬物而不爭，處眾人之所惡，故幾於道。**（第八章）

最高的善，其實就像水那樣。萬物都需要水來滋潤，水能使萬物生

✲ 金句選粹

長，而且公平對待萬物，不起爭執，也不會去區分萬物的貴賤高下。即使在最低賤骯髒的地方，也可以看到水的存在。所以說水的性質幾乎是接近於道了，也就是接近最高的善了。

· **道常無為而無不為。侯王若能守之，萬物將自化。（第三十七章）**

道看起來好像什麼都沒做，其實沒有一件事不參與。王侯——國家的統治者，如果能明白這個道理，而且堅守這個道理，順者道來治理國家，不要有太多的欲望，也不需要費太多的心思，百姓萬物就會自行發展。

十七、老子的智慧：悟道者對世事的洞察及理解

《老子》書中充滿了哲理，對人間之事，說了許多很深刻又很有智慧的話。這些話並不是憑空說出來的，是悟道者對世事的洞察及理解。前一單元談到老子《道德經》分成上、下兩篇，上篇《道經》，說明「道」的存在及作用，道無所不在。下篇《德經》的重點比較偏重在悟道有所得之後，對道之運作的掌握，以及對事物的觀察與理解。

❖道與德

有關「道」的普遍存在而且無法描述，在前一單元已有介紹。但是道與人，道與萬物，到底有什麼關係呢？這就涉及到「德」。「德」就是得之於道，或說是修道

而有所得。德在內，修道而得之在內。所以我的天賦、我的修練和我的領悟，凡內在於我，屬於我自己的，都可以稱作「德」。

「道」在萬物之中就是「德」，道在牛身上為牛德，在馬身上為馬德，在人身上為人德。但人與萬物不同，萬物生下來便是如此，本性不會變。只要是牛都有牛德，是馬都有馬德。只有人因為太聰明了，有自己的想法，才會因為私利而喪失本性，不遵循道，離道而失德。也只有人才會修德，使自己因修道、悟道而有德。修德有沒有什麼要領呢？老子三十八章，也是《德經》的一開始，就說：「上德不德，是以有德；下德不失德，是以無德。」

這段話有許多解釋，本文採比較簡單說法。「上德」與「下德」都是「德」，修道有所得。上德指境界比較高的德，相對的，下德的境界比較低。「上德不德」指上德雖有所得，但不自以為有所得。也因為不在乎，不以為有所得，一切都那麼自然，這才是真正的有德。所以說「是以有德」。下德呢？下德有所得，而且很在乎這個德，刻意守住不要失去這個德。也因為太在乎得與失，反而不能算是真正有德。也就是說：真正有德的人，並不很在乎自己有沒有「德」（有沒有「得」），也無意顯示出自己的德，別人也未必感覺得到他的德。

三十八章接著又說：「失道而後德，失德而後仁，失仁而後義，失義而後禮。」這段話順序性排列了道、德、仁、義、禮。人因為太會計算利害了，所以會離道，會不依著道來行動，也因為喪失了「道」，才會去修道、悟道，找回自己應有的本性而有「德」。一旦丟失應有的本性，失道又失德之後，就會去推崇仁愛。失去了仁愛，才會去推崇正義。失去了正義，才會去講求禮儀。

上述幾句話，在儒家聽起來會有些刺耳，但也有幾分道理。本性中本來就有的惻隱之心被蒙蔽了，才會去大聲呼籲仁愛。仁民愛物做不到，就會強調公平正義。待到社會正義也沒了，就只能以禮儀來區分尊卑。禮儀是外在的，是人為的規定，離自然而然的道很遠。

話雖如此，禮儀之邦還是蠻令人稱羨的。等而下之的，或許可加上一句「失禮而後法」。人間社會若只是依靠法條賞罰來治理，那就連羞恥心都談不上，也就離道更遠了。

所以《老子》十七章說：「太上，下知有之。其次，親而譽之。其次，畏之。其次，侮之。」真正最有道有德的君主，下面的老百姓只是曉得有位君主存在，但是完全不覺得他與自己有什麼關係。次一等的君主，勤政愛民，仁德外顯，深受人民的愛戴與讚賞。再次一等的君主，用嚴刑峻法來維持秩序，使老百姓敬畏。最糟糕的君主，既無德能，也無威嚴，只能是老百姓嘲笑的對象。「下知有之」正是在說「上德不德」的君主。「親而譽之」就正有如「下德不失德」，「失德而後仁」的君主。至於令人「畏之」的，只能是「失義而後禮」甚至是「失禮而後法」的君主，由此可感受到儒家與道家在思想上的差異。不過，這裡指的儒家，比較是注重外在表現，沽名釣譽的儒家，不是強調內心真誠的孔孟真傳。

❖道的運作規律

前面提到，「德」指悟「道」而有所得，那麼老子本人對「道」的性質及運作規律是否有所麼體悟而有所得？以下介紹《老子》書中對「道」的體悟。

《老子》四十章說：「反者道之動，弱者道之用。天下萬物生於有，有生於無。」「道」的運作，在無形中會促使萬事萬物往反方向發展，「折返」就是「道」之運動的特性，所以說「反者道之動」。這句話再深入探討，可知「道」有「自我反對」的性質，然而「道」又存在於萬物之中，所以，萬物皆有自我反對的性質。也就是說，萬物的生成，都內藏有自我反對的種子，當發展到一定的限度，就會自我折返，往反方向發展，或回到原點。這與《易經》「无往不復」的道理是相通的。另一方面，道的作用又很柔弱而不易察覺，所以說「弱者道之用」。「反者道之動」與「弱者道之用」，可以說是對「道」的性質，做了十分具體的描述。

緊接著的「天下萬物生於有，有生於無。」也有很強的哲學意味。「天下萬物生於有」，「有」就是存在，萬物都是從存在開始，先要存在，才能被區分出來是萬物中的某物。「有生於無」絕不是指無中生有，而是指有形生於無形，有名生於無名。一堆木頭放在那裡，什麼都不是。木匠做出成品後，我們就會說：那裡有張桌子。在成為有形的桌子之前，是不成形狀，也無法命名的一堆木頭，不是什麼東西。同理，溪水中一堆亂石，大家往水裡看，什麼東西都沒有，忽然有人指稱：「看！石頭縫裡有條魚。」因為有人在什麼都不是的水光與亂石之間，區別出了一條魚。為什麼他會說有魚而不說有水，有亂石？因為魚對他有意義，這使他在「無」中區分出了「有」，發現了「有」。

有與無的關係，《老子》在十一章也舉例，說明人們製做器物，帶來許多便利，但是真正有用的，常是在器物空虛的地方。例如，建造屋舍主要的是要用室內的空間。做水缸，中間也要是空的才能儲水。所以十一章說：「故有之以為利，無之以為用。」空間如此，時間何嘗不是如此？我擁有時間，但只有空閒的時間才能真正為我所用，一旦時間被塞滿了，其實就沒有時間可用了。事情不都是這樣嗎？在老子思想中，「無」不僅是沒有，「無」反而成為一種資源，因為虛無，才能收納，才能吸收更多的東西。在此老子指點出了虛無的重要。

老子也明確提出修道的方法，在十六章記載：「致虛極，守靜篤。萬物並作，吾以觀復。夫物芸芸，各復歸其根。」就是說：要致力保持心思的虛空寂靜，看事情不要有太多的成見，自以為是。用此態度來觀察萬事萬物的生長與發展，就會發現，事物的發展，看似紛雜變化，其實最後總是遵循著「道」，各自返回各自的歸宿，回到事物本來的狀態。有兩件事情值得注意：第一，要保持心思的虛靜，才會認識到事情的真相。第二：萬物都有各自的根源及歸宿。事物看似千變萬化，但都會回歸根源的這一點，是不會改變。

悟道者對世事的洞察

老子對藏在萬事萬物裡的「道」進行觀察和歸納，洞察萬事萬物變化的規律，所以留下了許多很有智慧的格言，都是對人間世事的深刻體會，以下簡短介紹幾則有代表性的。

「知其雄，守其雌。」在二十八章，也可以說「知其白，守其黑」，或「知其榮，守其辱」，意思都帶有正、反、合的辯證風格。在此，「雄」是領導，「雌」是順隨，「守其雌」不是無知，而是選擇，因為「守其雌」更符合「道」。別人都想當領導，我不是不知道當領導的威風和好處，但是我選擇不要出頭。或是，我在等待最洽當的時機才要出頭。同樣的道理，對悟道者而言，陰謀詭計我不是不知道，而是不願意使用。如何出人頭地我不是不知道，但是我不想出頭。

「為之於未有，治之於未亂。」在六十四章，這兩句話在前面單元也曾提及。事情要在還沒有發生的時候就先去處理，在混亂尚未產生的時候就先控制住。這兩句話說起來簡單，但是需要很高的智慧，以及對微小變化的敏銳觀察，才有可能做得到。就是要能對「道」的運作有所掌握，能順道而為，才有可能。

「物壯則老，是謂不道，不道早已。」在《老子》中出現過兩次，分別在三十章及五十五章。誰不希望自己強健壯盛呢，但是老子說「物壯則老」。「壯」代表了到達頂峰，不再成長。任何東西一旦健壯成熟之後，就會日漸衰老。人當然也是這樣，人一旦自以為成熟了，自以為功成名就了，自滿於現狀了，接下來也就不會再成長，從此在生理上及心理上就開始衰老。「道」的運作就是如此，「反者道之動」，所以到了「壯」的狀態，道就會往反方向動作。「壯」不合乎道原本的發展方向，一旦自以為「壯」，也就離衰敗不遠了。我們常說「盛極必衰」，自以為強盛而自滿，就是衰敗的開始。身體如此，個人如此，企業如此，國家大事何嘗不是如此。

「將欲廢之，必固興之。將欲奪之，必固與之。是謂微明。柔弱勝剛強。」在三十六章。「固」就是姑，姑且。有些人或事，如果想要廢掉它，不妨姑且先抬舉它。如果想要奪取它，不妨先給它一些好處。在這邊「欲」是目的，「固」是手段。要達到目的，需要有手段。這個手段是來自對「道」的體悟，也是長期觀察世間現象的心得。「反者道之動」，道對萬事萬物都有反向調節的作用，物極則必反，強極必轉弱，在面臨轉折點時，先抬舉對方，反而會使對方懈怠。先讓對方佔便宜，結果卻能從對方取得更多的好處。其中奧妙不是三言兩語可以交代清楚的，只能在生活經驗中體會。此所以說「微明」，因為這個道理微妙而能開顯。此所以說「柔弱勝剛強」，因為在關鍵時刻使用柔弱的力量，就能戰勝剛強。

「禍兮福之所倚，福兮禍之所伏。」在五十八章。「福」是我們想要的，「禍」是大家懼怕的，但老子說：福和禍是相倚相靠的，禍中有福，福中有禍。這可以說是勸慰之詞，也可以說是世界的真相。沒有長久的福，也沒有永遠的禍。如何在福中看出禍，在禍中看出福，就需要智慧。我們都聽過塞翁失馬的故事。塞外老翁走失了一匹馬，大家都為他婉惜，他卻無所謂。過了幾天，走失的馬回來了，還帶了一群野馬。眾人又為他慶賀，他卻有些憂慮。果然，沒多久老翁的兒子在馴服野馬的時候從馬背上摔下，來跌斷了腿。這本來是一場災禍，不料，邊境起了戰事，皇帝在塞外各地徵兵，跌斷腿的兒子反而因禍而得福，躲過兵災，保住了性命。這個故事的重點其實不在說福與禍的關係，而是在強調要能體悟出福與禍相關的智慧，就像那位塞外老翁。

以上類似的格言警語，在《老子》書中十分豐富，只能點到為止。但老子的這些處世格言，都是從道的高度來看人間的事物。所以「無為」是順著「道」而為，不刻意而為。所以「為之於未有，治之於未亂。」的前提是要掌握到「道」的性質，掌握事物變化的潛在規則，如此才能掌握先機。同樣地，「將欲廢之，必固興之。」的手段，也只有對付沒有悟道，不能掌握道之變化的人，才會有用。

❖ 老子智慧的運用

老子開創道家一脈，強調人應該法「道」，所以崇尚虛靜、無為、陰柔、順從，主張柔弱可勝剛強。「道」是普遍的，永恆的。從「道」所悟出的事理，也是普遍的，可用於萬事萬物。可用來做好事，也可以用來害人、為惡。例如「將欲弱之，必固強之。將欲廢之，必固興之。」常被人視為陰謀詭計，但陰謀用以誘捕奸佞，詭計拿來殲滅敵寇，不也很正當嗎？也因為道家的智慧妙用無窮，老子道家思想就被廣泛地應用在各個領域。例如法家、兵家、治國、養生等。

先說法家。法家強調帝王統治術，法家代表人物韓非所著的《韓非子》中，就有〈解老〉、〈喻老〉等篇，經由對《老子》的解說，將老子思想用於帝王統治。主張「法生於道」，「因道全法」。前面曾提到失禮而後法，韓非子反過來主張，法的制定及實施必須遵循「道」，當然，「道」是什麼，韓非子又有他自己的解釋了。

再來略談兵家。兵家講求奇襲、詭詐。《老子》五十七章說：「以正治國，以奇用兵，以無事取天下。」《孫子兵法》也說：「兵者，詭道也。」「故兵以詐立，以利動，以分合為變者也。」在始計篇及軍爭篇。這都可以說是老子「將欲奪之，必固與之。」之類聲東擊西等詐術的應用。

還有漢初的黃老治術，崇尚老子思想中的清靜無為，並以此作為國家的政策方針。強調由道生法，清靜而治，與民休息。「黃老」在這裡指黃帝與老子，即假託黃帝，以抬顯此為帝王治國之術。

「道」既然是普遍而且廣泛的，其中的道理可以用來治國，當然也可以用來養生。漢代有河上公，注《老子》，強調治國與治身的道理相通。所以無事可以安民，無為可以養神。河上公以元氣、精氣，來解釋「道」，並從對《老子》的注解中，發展出養神、全生、延壽等養生的理論。

老子思想也影響到道教的創建。東漢張道陵創立道教，即以老子為教祖，並將老子神仙化，尊稱為太上老君，或稱道德天尊，稱老子書為《道德真經》，做為道教最重要的一部經典。

❖ 道家思想文化深植民間

以老子為源頭的道家思想及文化，即使在現代仍然深植民間。雖然每個人對於

「道」的本體，可能有不同認識。但是與「道」相關的法則及運用上，早已普遍被應用在方方面面。從古至今，舉凡政治官場、軍事爭戰、人情世故、養生、武術、民俗信仰等，許多都與《老子》有關。例如「致虛極，守靜篤。萬物並作，吾以觀復。」的功夫修練。「柔弱勝剛強」「知其雄，守其雌。」的生活智慧。以及「將欲廢之，必固興之。」的權謀運用，多能深植民間，成為中華文化的一部分。

老子道家思想當然也可以用在現代商業競爭、公司經營、職場人事上，尤其是權謀詭詐的運用，最為商場人士所津津樂道。但是我們不要忘記了，老子思想的核心在「道」，人法道，道法自然。如果我心中沒有一個「道」的存在，沒有一個最高的價值理念，就想去「無為」，想要去「將欲廢之，必固興之。」其實是有危險的。例如西晉末年，當時的宰相王衍，崇尚道家無為，不問世事，終日清談。敵人興兵來犯時，也不願承擔責任，凡事順應，只求自保。結果五胡亂華，西晉覆亡，自己也死於非命。

老子思想雖然有吸引人之處，但是如果沒有足夠的智慧，不能看透事物的根源及真象，只是抓取其中的一些皮毛運用，結果很可能是畫虎不成反類犬。王衍誤國的故事，正可以帶給我們一些啟示。善用老子的智慧，必須從悟「道」而有「德」開始。

✽ 金句選粹

・**失道而後德，失德而後仁，失仁而後義，失義而後禮。（三十八章）**

人的本性從道而來。但人會因為私利計算而失去自己的本性。使行為不合於道，也就是喪失了道。因為喪失了道，才會去修道、才會去悟道，重新找回自己應有的本性，而有德。仁愛在人性中本來就有，但是因為失道，失德，才會去力行仁愛。大家都崇尚仁愛時，若有人表現出不仁愛，大家覺得不應該，就會去鼓吹道德，崇尚正義。到後來，連正義都不講求了，就只能用禮儀規範來維持社會的秩序。一旦要靠禮儀規來範大家的行為，盡心誠信的風氣就會淡薄，社會動亂就會從此開始。

讀論語做自己

看 第十七講

聽 第十七講

✤ 金句選粹

・**反者道之動，弱者道之用。天下萬物生於有，有生於無。（四十章）**

道的活動會使萬事萬物折返回原點，道的作用微弱而不易察覺。這就是道的性質。天下萬物先要存在，才能從存在之中區分出萬物。萬物於存在之前，只是一個什麼都不是的混然整體，這個什麼都不是的混然整體，就可以稱之為無，或可以稱之為道。

・**物壯則老，是謂不道，不道早已。（三十章）（五十五章）**

當事物發展到最壯盛有力的時候，就會開始逐漸趨向衰老。所以說，到達最壯盛的狀態是不合乎道的。一旦不合乎道之後，就提早衰敗消亡。

・**禍兮，福之所倚。福兮，禍之所伏。（五十八章）**

災禍出現的時候，祥福會依靠在災禍旁邊。祥福來到的時候，災禍也潛藏在祥福裡面。所以，遇到倒楣的事不用太難過，遇到幸運的事也不用太高興。福與禍是很難完全分開的。

十八、莊子的情懷：消遙無待的豁達人生

莊子是一個人，也是一本書。《莊子》這本書開始，就呈現人在亂世中，對消遙自在的嚮往。這種自由自在，不是身體上的不受束縛，而是心境上的豁達，是心靈上的滿足與平靜。所以本單元就以「消遙」與「無待」來形容莊子豁達的人生觀。這種心靈上的豁達，是來自莊子的絕頂聰明，能清楚領悟到「道」的存在，並且從中看到生命的本質。

❖莊子其人其書

莊子，本名莊周，是戰國時的宋國人，約與孟子同時代，但是沒有和孟子對過

話，也不像孟子那樣，遊走於諸侯之間。莊子一生沒做過什麼官，也沒有什麼事跡。他生活窮困，但學識淵博，詞鋒犀利。在此有兩個《莊子》書中的小故事，可顯示莊子的風采。

有一次莊子面見魏王，他穿的粗布大衣上面都是補丁，用麻繩繫著破鞋。魏王看了就說：「先生怎麼如此落魄潦倒？」莊子反駁：「我這是貧窮，不是潦倒。有抱負不能推展，那才是潦倒。衣衫破舊是貧窮，貧窮是因為我生不逢時，君主昏亂。」

又有一次。莊子的舊識曹某，代表宋王出使秦國，要回國的時候，秦王賞賜他許多車馬，很風光的回宋國。後來見到莊子，就說：「居住在陋巷，穿著破衣破鞋，這點我比不上您。但能面見秦王，得到秦王豐厚的賞賜，這就是我的長處了。」莊子也不生氣，只是慢條斯理回答：「秦王有病召請醫生，吸治膿瘡的，可以獲得一輛車，舐好痔瘡的，可以獲得五輛車。治療的部位越噁心，得的賞賜就越多。您是不是舐了秦王的痔瘡回來了？」

再說《莊子》這本書。人常說老子《道德經》五千字。《莊子》要厚得多，有七萬多字，分成三十五篇。其中有七篇最重要的，被歸為〈內篇〉，最能代表莊子的核心思想。其它二十八篇就被歸到〈外篇〉及〈雜篇〉。

《莊子》對於老子思想，例如「道」、「無為」、「以無為用」等，有相當精妙的譬喻及引申。和老子《道德經》是闡述道家思想最重要的兩本書，合稱「老莊」。《莊子》雖然對老子思想有相當深入的詮釋，但風格大不相同。《莊子》幾乎完全不談政治理想或治國之術，而且他的文采浪漫，變化莫測，採用大量神話傳說與寓言故事來表達主題。自稱「寓言十九，重言十七。」書中所說的，十之八九是寓言，十之七八是重言，重言就是借重他人之言。《莊子》書中最常借重的的人物是孔子，寓言之中也有許多的是孔子與弟子之間的對話。在莊子眼中，孔子是一位令人敬重的人物，但是孔子對人世間的看法，還沒有達到最高的境界。

由於《莊子》書中大量的使用寓言和重言，讀者很容易被那些炫麗的故事所迷惑，找不到所要傳達的思想重點，這是在讀《莊子》時，要特別注意的。以下就以欣賞的角度，簡單介紹內篇中的〈消遙遊〉、〈養生主〉、及〈大宗師〉三篇的片斷。

❖ 消遙遊

《莊子》第一篇，消遥遊。一開始就說：「北冥有魚，其名為鯤。鯤之大，不知其幾千里也。化而為鳥，其名為鵬。鵬之背，不知其幾千里也；怒而飛，其翼若垂天之雲。」在最北方的大海中有一種非常大的魚，名叫鯤，有幾千里那麼大。讓人想到北極海的大鯨魚。這個大魚不但大，而且還會變成一隻大鵬鳥，大鵬鳥的背也有幾千里，超乎人的想像。「怒而飛」的「怒」，是心花怒放的怒，形容氣勢盛大。大鵬鳥奮起要飛，展開雙翅，就像天邊的雲朵。翻開《莊子》一開始的這幾句話就讓人迷惑、震憾。這是真的嗎？這個畫面太震憾了。這就是莊子。

大鵬鳥要飛到哪裡去呢？要飛到遙遠的南方。飛到南方不是一件容易的事，大鵬必須等待六月颳起的南風，迎風盤旋，直上青天九萬里，然後才能遨翔天際，飛向南方。

樹枝上的小鳥，抬頭看到高空掠過的大鵬，就嘰嘰喳喳地嘲笑，說：「何必費那麼大的勁呢？我只要張開翅膀就能飛，飛不動了就停在樹枝上休息，何必飛那麼高？真是笨拙啊！」當然這是寓言，俗話說「夏蟲不足以語冰」小鳥對大鵬的嘲笑，正象徵見識淺薄的人，難以理解志向高遠之人的想法。

相對於大鵬鳥展翅高飛，莊子更上層樓，提到一位像神仙一樣的人，他要去哪裡，根本不需走路坐車，也不需要飛翔，因為他可以「御風而行」，乘著風想去哪裡就去哪裡。不過，莊子說：「此雖免乎行，猶有所待者也。」即使是那樣的神仙，還是要等到起風的到時候才能御風而行啊，所以不能算真正的逍遙。逍遙自在的最高境界是「無待」，不等待任何事，不依靠任何人，隨心所欲，有絕對的自由。當然，這樣的絕對自由只能是存於心靈之中，內在心靈不受拘束，無所牽掛。這裡的自由，絕對不是現代思潮中的人權、為自由而戰、不自由毋寧死之類的。人只要有肉體，就不可能有絕對的自由，但心靈可以。

從小鳥到大鵬，到神仙，到無待，都是在說消遙自在，但境界却層層提升。莊子心中的理想人格境界是什麼樣子呢？莊子說：「至人無己，神人無功，聖人無名。」至人、神人、聖人，都是在說最高境界的人，無己、無功、無名就是人的修為在達到最高境界時呈現出來的狀態。「無己」指雖有身體，但不以為自己存在，因為已經化解了自己，忘卻了自己。同樣的，「無功」指雖有功勞，但不以為有功勞，因為已經化解了功勞，忘卻了功勞。「無名」指雖有名聲，但不以為有名聲，因為忘卻了名聲，能夠化解自己，化解功勞，化解名聲，就不用期待任何事情。這樣的人才能無待，才能擁有絕對自由的心靈，才是理想人格的最高境界。

❖ 養生主

只看篇名，便可知〈養生主〉主旨在說養生。老莊的養生思想是從「道」而來，養生的關鍵是順著「道」，以保全生命的主體。此與後來的延年益壽，煉丹服藥等完全無關。《老子》五十章說：「出生入死。生之徒，十有三。死之徒，十有三。人之生，動之死地，十有三。夫何故？以其生生之厚。」人得以享天年的，只有十分之三，另外十分之三的人，不愛惜自己的生命而死於非命。還有十分之三的人，原本來可以活久些的，結果卻被自己搞死了。為什麼？因為太注重養生，養生太過。這段話對許多重視養生的現代人可能是當頭棒喝。拚命追求養生知識，卻沒有用心去聆聽身體所傳出的訊息，不與自己的身體對話，於是吃這個，補那個，反而違反了身體的自然需求，也就是違反了「道」。過分重視養生，是否會造成對身體的傷害？讀者不妨在經驗中觀察驗證。

莊子在此說了一個著名的寓言故事：庖丁解牛。庖丁是著名的廚師，有一次在魏惠王面前表演宰牛的技術，把一頭大牛分解成牛骨和肉塊。他的刀法優美順暢，乾淨俐落，不用花什麼時間，輕鬆地就把一頭牛支解了。魏王在旁邊觀看，對於他宰牛的技術十分欣賞，讚嘆不已，就問他是怎麼做到的？

庖丁答稱他的技術，可簡單歸納為「順乎天理，因其固然。」八個字。「天理」就是天然的條理，「固然」就是本來的結構。庖丁說：「我眼睛根本不用看牛，因為我已將牛的生理構造了然於心，只要順著骨節的空隙，肌肉的紋理，就能將刀刃在骨骼與肌肉間的縫隙中游走。我因為能順著自然而然的條理，依著牛身體本來的結構，所以能遊刃。有一位優秀的同行，他用力割牛，每年要換一把刀，另一位差一點的同行，他用剁的，每個月就要換一把刀。而我這把刀用了十九年了，支解過幾千頭牛，從來不曾換過。」魏王聽了庖丁的解說之後，說了一句耐人尋味的話。魏王說：「善哉！吾聞庖丁之言，得養生焉。」庖丁說得好啊！從你所說的道理中，我找到養生的方法。

問題是：庖丁說的是宰殺牛的技藝，為什麼魏王聽到的卻是養生的方法呢？同樣是殺牛、分解牛，有的人刀用一個月就壞了，有的可以用一年，庖丁的刀居然用了十九年不曾換過，越用越鋒利。為什麼？因為庖丁解牛能「順乎天理，因其固然。」

同樣的道理也可用在養生上。大家都同樣是人，為什麼有的高壽，有的短命？

身體就像那把刀，所處的環境就像那待支解的牛，而自己就是那操刀的人。每過一天，就是支解一頭牛。若有把握環境整體結構的眼光，「順乎天理，因其固然」地過日子，自然可以「遊刃有餘」，得享天年。反之，以違反自然環境的方式去對待自己的身體，當然就容易折壽了。老莊養生的道理，不是養生的知識，更不是去吃靈丹妙藥，而是依著自然的天性，順從環境的條件，由內而外的去安頓自己。

❖大宗師

大宗師就是「道」的別名，〈大宗師〉這篇在說「道」。莊子的「道」，基本上承襲老子。道無所不在，道是萬物的根本。但莊子更強調「道」在心靈層面的作用，或說「道」是一種精神境界，就在得道者的心中。

在此篇，莊子用魚和水作比喻，來說明人與道的關係。魚本來在水裡生活。後來池水乾涸了，魚群互相聚攏，彼此吹氣，互吐泡沫，來濕潤對方。這情境看起來很感人，但是，遠不如在大江大湖的魚，彼此忘記對方，甚至忘記水的存在。即此篇所說的：「相濡以沫，不如相忘於江湖。」相濡以沫是一個境界，在生活中彼此扶持，共度難關。相忘於江湖是另一個境界，在環境中生活，以道來順應環境，融入道之中，忘記道，也忘記環境帶來苦難。

莊子又假借孔子之口說：「魚相造乎水，人相造乎道。相造乎水者，穿池而養給；相造乎道者，無事而生定。故曰：魚相忘乎江湖，人相忘乎道術。」魚相處在水中，人相處在道中。水中生活的魚，在池塘間穿梭，以獲取食物養分。在道中生活的人，心中不受干擾，就足以保持內心的平靜。所以說，魚在湖海中愜意生活的時候，就會忘記水的存在。人若能完全以合於道的方式來生活，也就會忘記道術的存在。

在這兩段話中，「忘」是一個關鍵字，忘，不是忘記，而是不刻意放在心上。前一單元曾說「上德不德，是以有德。」真正有德的人不在意自己是否有德。因為已經融入了，已經內化了。所以魚會忘記水的存在，就像人會忘記空氣的存在。人只要能建立順應自然的態度，道法自然如此，無須煩惱，一切順應自然，最後也就會忘記道的存在。

❖莊子思想的現代意義

莊子思想與他所處的時代有關。當時宋國弱小，處於列強的夾縫中，而且內亂不斷。家境貧窮的莊子，可謂身逢亂世，國弱家貧，朝不保夕。在那樣的環境之下，外在的一切都是不可靠的，生命隨時會被奪走，理想也流為空談，只有心靈是完全屬於自己的，也因這樣的境遇，才孕育出莊子看破生死，否定知識，視身體為外在之物，轉而追求心靈絕對自由的思想。

在莊子的思想中，心靈是內在的，環境、身體、乃至生死，都是外在的。外在的事物充滿變化，自己也難以控制，只能順應。但是對於內在的心靈，自己有絕對的自由，有絕對的自主性。《莊子》知北遊篇，藉由孔子之口，說：「古之人，外化而內不化。今之人，內化而外不化。」古之人代表我所嚮往的境界。今之人，是實際生活在我周遭的人。「外化內不化」，指外在的言行能隨環境而變化，但內心對道的體認，卻始終不變，堅持做真實的自我。「內化外不化」就是說內心的欲望變來變去，但卻執著於外在的環境，不知變通，也不能順應環境。值得注意的是，這裡所說的「外」，包括了環境、身體乃至生命的消亡。

莊子筆下有許多具有神通的修道者或類似鬼神的人物，但這只是寓言，只是精神境界的描述。不論是氣勢磅薄的寓言，或是信手拈來的小故事，都既怪誕又美妙，而且寓意深遠，令人回味無窮。這也使得莊子的文章，帶有濃厚的文藝氣息，而為人們所喜愛，尤其能使苦悶的心靈，得到安撫與解放。

東漢末年到魏晉時期，朝代更替，政局混亂，權力鬥爭劇烈而殘忍。政治人物一不小心就有滅族之禍，可說是人人自危。稍有見識的讀書人，一方面要忍受僵化的禮教約束，一方面又不恥與當權者為伍，心情十分苦悶。於是特別欣賞老莊思想。他們在莊子書中，尋找掙脫禮教，追求絕對自由的思想與方法。於是常以飲酒為由，放浪形骸，寧醉不願醒。

西晉開國前後，就有一位名士叫阮籍，被當政者強迫出來作官，心中十分苦悶。當時的晉王司馬昭想與阮籍結親，阮籍不願，又不敢拒絕，於是每天喝酒，連喝六十天，長醉不醒。司馬昭只好作罷。阮籍又時常獨自一個人駕著馬車出門，也不走大道，只是任讓馬隨意行走，任意奔馳。跑啊跑啊，直跑到路的盡頭，無路可去時。就站在車上放聲大哭一場。

從阮籍的故事中可以感受到，他的放浪形骸，不受拘束，正是他內心苦悶的發洩。只是莊子把外在的苦難順應了，忘記了，化解了，所以得到心靈上的自由。阮籍企圖藉著飲酒與馬車的任意奔馳，來化解胸中塊壘，終究還須大哭一場。這也說明了阮籍是多麼地嚮往莊子所描述的心靈境界。

現代人鮮少有在朝不保夕的環境下生活的經驗，也比較難真正體會莊子的心境。但這並不妨礙我們去欣賞他豁達的人生觀，無窮的想像力，理性與情意的巧妙結合，以及對生命的熱愛。如果真的有一天，當我面臨絕境，現實生活中了無希望的時候，莊子的情懷，那種心靈境界，將會是我最大的慰藉。

讀論語做自己

看

第十八講

聽

第十八講

✲ 金句選粹

・**至人無己，神人無功，聖人無名。（消遙遊）**

修為境界　到最高的至人，雖有身體，但不以為自己身體存在，因為已經化解了自己，忘卻了自己。行事高妙無比的神人，雖有功業，但不以為有功業，因為已經化解了功業，忘卻了功業。智慧達到頂點的聖人，雖有名聲，但不以為有名聲，因為已經化解了名聲，忘卻了名聲。一旦能夠化解自己，化解功業，化解名聲。也就不用期待任何事情，也才能無待，心靈上就擁有絕對的自由。這才是理想人格的最高境界。

・**依乎天理……因其固然。（養生主）**

「天理」就是自然的條理，「固然」就是本來的結構。凡事需先知道自然存於其中的條理，並循著本來的結構，順勢處理，然後才可以遊刃有餘。殺牛如此，養生如此，處理世事皆應循此要領。

・**魚相忘乎江湖，人相忘乎道術。（大宗師）**

✲ 金句選粹

魚相處在水中，人相處在道中。水中生活的魚，在大江大湖中悠游的時候，就會忘記水的存在。人若能完全以合於道的方式來生活，不受外事干擾，內心安定平靜，也就會忘記道術的存在。

・**古之人，外化而內不化；今之人，內化而外不化。（知北遊）**

我嚮往古人，古人外在的言行能順應環境，隨時變化，但內心卻堅持真實的自我，始終不變。可惜實際生活在我周遭的今人，卻對外在環境不知變通，也不能順應環境，而且內心的欲望變來變去，沒有辦法守住自我。

十九、禪風：中華文化下的佛學

「禪風」就是禪宗影響下的文化氣息。禪宗是佛教的一個宗派，這個宗派深受中華文化的影響，也深深地影響了中華文化，是與中華文化糾葛最深的佛教教派。

佛教是宗教，也是一種哲理，一門探討世界真相的學問，也稱為佛學。宗教和哲學都是在探求真理，想要去認識世界的真相。只是宗教著重在信仰，哲學則是基於理性，要求理解，要想通其中的道理。佛教不只要求信徒相信，而且要求信徒能展現智慧，對世界的真相有正確的理解。並且能在理解真相後，走出迷惑，得到覺悟，這也是佛教與其宗教有很大區別的地方。面對博大精深的佛學，本單元既避免涉及宗教議題，也不願進行佛學思辯，只是從文化面，談一談禪宗與中華文化的關係。

❖佛教的基本教義及演變

佛是佛陀的簡稱，佛陀（Buddha）是音譯，佛陀本意是指「覺者」，指已經覺悟的人。佛教的創立者——釋迦牟尼佛，原是古印度釋迦族的王子，因為深感人間生老病死的苦惱，於是出家修行，並且有所覺悟，所以稱為佛陀。佛陀所說的佛法，成了佛教的教義。這些教義中，最基本、最重要的有三條：諸行無常、諸法無我、涅槃寂靜，稱為三法印。佛教的各門各派，必須承認這三條法理，才能蓋上佛教的大印，才可宣稱是佛教一系。佛陀離世之後，佛法迅速傳開，並在教義的認識上，分出兩大派，一稱上座部，又稱小乘；另一稱大眾部，也就是大乘，後來傳到中國的以大乘佛教為主。

傳承佛法需要經典，從東漢末年一直到魏、晉、隋、唐，陸續有僧人將佛經從梵文翻譯成漢文，使得佛法在中土得以流傳。以漢譯佛經為經典的這一脈，就稱為漢傳佛教，也稱中土佛教。中國、日本、韓國、越南等，都屬於漢傳佛教一脈。漢傳佛教為大乘佛學的一支，修菩薩道，禪宗就是漢傳佛教的一個教派。漢傳佛教受到傳統中華文化，如儒家、道家思想的影響，雖然同是在三法印的基礎之下，但有些主張逐漸與印度佛學有些差異，包括成佛的可能性，以及成佛方法上的一些問題。

❖成佛的可能性

學習佛法的最終目的是什麼？應該不是做神仙，或是到西方極樂世界享清福之類。對大乘佛學而言，學習佛法的最終目的是覺悟，是涅槃，是成佛。覺悟就是看破執迷，涅槃就是圓滿清靜，成佛就是達到佛的境界。人在覺悟之後，入涅槃而成佛，三者是一件事，不是三件事。

就此，佛學問題出現了。我有可能覺悟嗎？我有可能入涅槃嗎？我有可能成佛嗎？據早期所譯出的佛經認為「一闡提不能成佛」，《北本涅槃經》便說：「一切眾生必有佛性……除一闡提。」「一闡提」指善根斷盡之人，「佛性」簡單的說，就是成佛的種子。印度佛學主張，有些人，善根斷盡，他生下來就沒有善根，在他天性之中，就沒有成佛的種子，所以此人這一輩子，不論如何努力，都不可能成佛。這個論點可能與印度傳統的種性制度有關，與中華傳統思想不合。

孟子說：「舜何人也，予何人也，有為者亦若是。」在滕文公篇。孟子又說：「人皆可以為堯舜。」在告子下篇。荀子也說：「塗（途）之人可以為禹。」在性惡篇。「途之人」就是走路途中碰到的任何一個路人。堯、舜、禹，都是古代不得了的聖人。不論是主張性善的孟子，或者是主張性惡的荀子，儒家的傳統就認為人生而平等，人性是相同的，只要努力，人人都可以成為聖人、偉人。俗話說「將相本無種，男兒當自強」，為什麼不是人人都可以成佛呢？這就成了佛學在中國的一個大問題。

東晉時，有位道生和尚，他不依佛經中的文字，只從佛經的義理中推斷，就得到「一切眾生悉有佛性，一闡提人亦可成佛」的結論。此論一出，就被當時的佛教界攻擊，認為這是背離經文的邪說。但是後來有更多的大般若經譯出，從中可以找到「一切眾生悉有佛性，一闡提人亦可成佛」的依據，從此對中土佛學產生了重大的影響。

眾生皆可成佛的問題，到隋朝的時候仍在辯論中。唐太宗時，三藏法師玄奘到西天取經，是帶著問題去的。「眾生是否皆可成佛？」就是重要問題之一。玄奘在印度那爛陀寺，向老師戒賢法師請教這個問題，戒賢直言「一闡提不能成佛」。三藏法師回國後不敢違背師訓，只能婉轉說「一闡提不能成佛」，並提出細密的分析和解釋。但當時的中土佛學大都接受了「一闡提亦能成佛」的觀念。三藏法師所傳的法相宗，在傳了兩、三代之後也就斷絕了。從此中土佛學都接受「眾生皆有佛性，皆可成佛」

的說法，這不能說沒有受到儒家「人皆可以為堯舜」思想的影響。

❖ 禪宗與惠能

中土佛學傳到現代，以禪宗及淨土宗最盛。淨土宗因為宗教性格較強，在此不論。禪宗，顧名思義，以禪為宗。「禪」是梵語的音譯，又譯作「禪那」、「禪定」、或「三昧」，指一種修行，藉著修行以安定心神，靜息一切念慮，並從中生出無上智慧。

南北朝時，印度僧人菩提達摩渡海東來，創立禪宗，人稱達摩祖師。傳說達摩一葦渡江，並在嵩山少林寺面壁靜坐九年。禪宗初創時，確實以禪定為修行法門，禪宗五傳到五祖弘忍，弘忍在湖北黃梅講《金剛經》。當時在廣東有一個挑柴的年輕人，在送貨的時候聽到店裡面有人在說佛經，一聽就懂，一聽就喜歡。就去問店裡的客人，才知道所聽的是在說《金剛經》。又聽客人說，黃梅弘忍大師《金剛經》講得最好。年輕人於是千里迢迢，走到湖北黃梅東禪寺，拜弘忍為師，取名惠能，後來成為禪宗南傳之祖。現代的禪宗心法就是惠能所傳。惠能所傳的佛法，經過弟子們的集結整理，成為《六祖壇經》。《六祖壇經》是佛教經典中，唯一一部不以佛陀所說為依據的佛經，也是徹底漢化的佛經。除了漢傳佛教之外，其他地方的佛教徒是沒有這部經的。

依據《六祖壇經》，五祖弘忍在考慮傳衣鉢時，要求弟子們說出修習佛法的心得。當時弘忍的首座弟子神秀作了一偈，說：「身是菩提樹，心如明鏡台；時時勤拂拭，勿使惹塵埃。」惠能不識字，但也請人代寫一偈。說：「菩提本無樹，明鏡亦非台；本來無一物，何處惹塵埃。」二偈的優劣高下，因為涉及佛法，在此不便討論。但就字面意思，神秀顯然在說禪修的功夫，所以要「勤拂拭」，不要「惹塵埃」。惠能的偈顯然在說禪修的境界，一旦到了最高境界，「菩提身」和「明鏡心」都不需要了，不重要了。至於功夫與境界那個比較重要呢？那就見仁見智了。

從達摩祖師面壁靜坐九年的事跡觀之，神秀的偈，應比較是在彰顯面壁修行的工夫。惠能的偈，就有更多的創見，也更能與中華文化融合。惠能之後的佛學就更加的漢化了，《六祖壇經》繼《金剛經》之後，成了禪宗最重要的經典之一。達摩所傳的禪宗，也就轉變為惠能所傳的禪宗，即今日的禪宗，或說是徹底漢化的佛法。這個禪宗法門，有人總結為十六個字：「不立文字，教外別傳。直指人心，見性成佛。」「不立文字，教外別傳。」明顯地在說，此所傳之法不見於傳統漢譯的佛經，所以說「不立文字」。也不同於一般佛學的教理教法，所以說「教外別傳」。

「直指人心，見性成佛。」則是禪宗特有的成佛法門，下面會再談到。有關「不立文字，教外別傳。」在禪宗傳法筆記彙編《五燈會元》中記載：「世尊在靈山會上，拈華示眾，眾皆默然，唯迦葉破顏微笑。世尊云：吾有正法眼藏，涅槃妙心，實相無相，微妙法門，不立文字，教外別傳，付囑摩訶迦葉。」這段優美的短文含義豐富，在此無法細說。迦葉是佛陀的大弟子，「摩訶」就是「大」的意思。「實相無相」是大乘佛學的微妙法門。佛祖拈花，迦葉微笑，無上妙法都在相視一笑之中。不過這段記載不見於其他經論，應是出於禪宗後學弟子的想當然耳，從此「拈花微笑」也就成了禪宗的代表圖像。

禪宗雖強調「不立文字」，但其實佛教著作中，禪宗的語錄、公案、論述等文字最多，或許越難用文字說清楚的事，就越想要用更多的文字來說明。就像《老子》，一方面說「道可道，非常道。」一方面又費盡唇舌說這個「道」，這也是一樁有趣而且值得深思的事。

❖見性成佛

前面說禪宗要旨在「直指人心，見性成佛。」成佛是學佛的終極目標。要達成這個目標，必須要解答兩個問題。第一、能不能成佛？第二、如何成佛？以下就以《六祖壇經》來談一談這兩個問題。

首先，禪宗主張人人皆有佛性，人人皆可以成佛。這也是漢傳佛教所持的觀點。《壇經》行由品說：「人雖有南北。佛性本無南北。」肯定每個人都有佛性，都有成佛的種子。那麼成佛的種子在哪裡呢？《壇經》般若品又說：「三世諸佛。十二部經。在人性中本自具有。」也就是說，佛法就在人性之中，在人心之中。在此略分析「心」和「性」二字，「性」是天生的，普遍的，每個人都有的。「心」是屬於個人的，是不斷地在活動當中的，人心就依著人性在活動。佛所說的佛經、佛理，在人性之中本來就有，是佛性，在我們生下來的時候都具備了。有沒聽過佛陀說法，有沒有讀過佛經，都不是關鍵，重點在我的心念，是不是都是能依著此本來就有佛性而活動。所以，能不能成佛，不需依靠別人，完全可以靠自己。

其次，禪宗主張頓悟成佛。《壇經》行由品說：「菩提自性。本來清淨。但用此心。直了成佛。」「菩提」就是覺悟意思，人本來就有覺悟入涅槃而成佛的天性，這就是菩提自性，也可以說就是佛性。人只要能將心向著此佛性，直接就可以成佛。「直了成佛」四個字特別有份量，是立刻成佛，當下成佛。一旦能用心見著本性，便能從痴迷中覺悟，便是成佛。這就是禪宗成佛的理論：「直指人心，見性成佛」。

人與佛的差別只在迷與不迷，悟與不悟。《壇經》說：「不悟即佛是眾生。一念悟時，眾生是佛。」在般若品。凡人若一旦顯發智慧，了悟佛法真諦，捨離一切俗念，那就是佛；反過來說，就算是佛，若仍有一念執迷不悟，那也還只凡人罷了。俗話說「放下屠刀，立地成佛。」悟或不悟，成不成佛，剎那便可決定。佛教說這叫頓悟，「頓悟」有別於「漸修」，其差別不只是在時間的長短，更重要的是，頓悟指一悟百悟，一通全通。一旦明白，就全部明白。沒有覺悟之前是凡夫，一旦開悟，就達到佛的境界。所以說頓悟是一種境界，相對的，漸修是一種工夫。五祖弘忍傳衣缽時，神秀北傳為漸教，惠能南傳為頓教。《壇經》頓漸品中記載，神秀曾經派弟子到南方，自惠能處學佛法。惠能問來者，神秀法師怎麼教的？來者回答，神秀的教誨是：「住心觀靜。長坐不臥。」惠能卻反駁說：「住心觀靜，是病非禪。長坐拘身，於理何益。」就是說：「守住心神，靜坐觀想。這是病態，不是修禪。長期靜坐，拘束自己的身體，對參悟佛法又有什麼幫助呢？」

佛教原本以戒、定、慧為成佛的根基。由戒生定，由定生慧，進而成佛。定就是禪定。但在《壇經》疑問品，惠能說：「心平何勞持戒，行直何用修禪。」可以說相對較不重視戒與定，而直接追求慧，直接追求頓悟，便可成佛。但仔細來看，惠能這幾句話也是對修為境界很高的人說的，是對凡事內心平靜而且言行正直堅定的人說的。若是一般意志軟弱，禁不起誘惑的凡人，心既不平，行也不直，恐怕還是要從戒律及禪修著手，比較不容易出差錯。

到這裡，或可試著用禪宗的角度回答先前提出的兩個問題。一：人能不能成佛？答案是肯定的，每個人心中都有佛性，每個人都有成佛的可能。二：如何成佛？答案是以本心照見此佛性，一旦覺悟，便可成佛。

印度原來的佛學，經文浩瀚，名相繁瑣，學理深奧，須避世苦修，而且還要受到天生的限制。禪宗則標榜不立文字，直指人心，見性成佛，而且人人皆可成佛。這個簡明直接，不需苦修，全憑真心感受的的教法，應是更能符合當時中國人的口味，而所以廣為流傳。

❖ 禪宗文化

禪宗是漢化後的佛學，深受中華文化的影響，也深深地影響了中華文化。禪宗追求心靈境界，以無分別心看待萬物，與莊子思想十分相合。禪宗直指人心，見性成佛的教法，也於孟子的性善論有些相通之處。事實上，佛學，尤其是禪宗，對人心與佛性的討論，深深的影響到了宋朝與明朝的儒者，例如朱熹、陸九淵、王陽明等大儒，對於禪宗思想都是十分有研究的。他們的學問，也有許多與禪學相通的地方。以禪宗思想為代表的佛學，已經是中華文化的一部分了。

禪宗對中華文化的影響，不僅只是在宗教方面及思想方面，也擴散到生活及藝術等各層面。所以有禪詩、禪畫、禪式庭園建築等藝術風貌的呈現。這些風貌，許多未必與宗教信仰有關，而是在表達一種心境——禪的心境。我們說這個作品有禪風，有禪味，有禪的心境，這又指的是什麼？

就佛教而言，佛，就是最高價值，成佛，就是成就最高境界。從禪宗「不立文字，教外別傳。直指人心，見性成佛。」的教法來看，禪風，可以說就是不喜繁文縟節，直接了當，當下呈現心靈所感受的最高境界。這個境界必定是簡單的、純粹的、質樸的、清靜的。不但如此，這種不修飾，不造作的風格，必定是可以直接打動人心，讓人有所感受的。在此意境之下，「禪」也不再限定在禪修，而成了最高境界的代名詞。

可惜的是，也正因為如此，出現許多標榜禪風、禪味、禪意的作品或商品，「禪」已經變成是風潮流行，一種商業化的廣告詞了。例如禪旅遊，禪料理，禪服飾，禪生活等。現代人在面對禪風時，不妨以禪宗「直指人心」的心法反思驗證之，看一看此「禪」究竟有幾分禪的風格，禪的境界。

讀論語做自己

看

第十九講

聽

第十九講

第五部

典範人物

二十、典型在夙昔：中華文化薰陶下的人格典範

讀論語，做自己。重點不在孔子教導我什麼，而在我要成為怎樣的人。本書嘗試以極簡的篇幅，介紹孔孟儒家思想精華，以及與道家及佛家思想的一些關連。這些思想不是今天才有，而是廣為流傳幾千年，曾為億萬讀書人所誦詠過的。在這些思想文化的薰陶下，也出了許多傑出的人物。這些人令人欽佩，也值得我們欣賞。他們人格高尚，學識淵博，而且能付諸實踐，完成自己的志業。下面就介紹三位儒家文化薰陶下的典型人物。這三位儒者分別是宋朝的范沖淹，明朝的王陽明，及清朝的曾國藩。他們的事跡廣為流傳，至今仍為我們所樂道。

❖ 范沖淹

第一位上場的人物是宋朝的范仲淹。范仲淹是北宋真宗時進士，主要活動在宋仁宗時期。他自幼家貧，在書院苦讀，每天堅持只喝兩次粥，配老鹹菜。在朝廷為官時，不畏權勢，屢次犯顏進諫皇帝，不惜得罪皇太后及當權宰相，也因此屢次被貶為地方官。他在地方為官時，又能勤政愛民，教化百姓，解決當地問題，所以很得各地民眾的愛戴。

仁宗時，西夏羌人興兵犯境，范仲淹奉旨鎮守邊關。他治軍嚴整，善待士卒。兼採堅清壁野，固守要塞的策略，能戰而不求戰，卻也收復不少失土。不只如此，他對邊境西夏人的事務，也能秉公和善處理，使西夏人又敬又懼，紛紛傳言：「小范老子胸中有數萬甲兵」，因此也不敢輕舉妄動。後來西夏因久戰無功，轉而向宋求和。范仲淹守土有功，在調回京師之後，又奉仁宗之命，整頓吏治。范仲淹不留情面，罷黜許多不適任的官吏，引發官場風暴。有人進言說：「在您只是大筆一勾，可知道他一家老小都在哭？」范仲淹對此回應說：「一家哭，何如一路哭耶？」宋朝州縣稱路，一家哭總勝過一州哭，一縣哭。其胸襟氣魄如此，絕不為小仁小義所困。

范仲淹一生功業彪炳，政績卓著，文采風流。其文章事跡在民間廣為流傳，不但受到朝野人士的敬重，也是當時讀書人景仰的對象。他一生沒有為自己興建過府第，也沒有為自己家人安置過產業。但在去世前三年，卻籌錢在家鄉購置一千畝田地，稱為義田，並把此義田租放給外面的農民，所收的田租所得，就用來救濟族人。不只如此，他還親自為此義田制定了相當完善的管理制度，委託族中賢能長者，依制度管理義田的收支度用。在范仲淹死後，他的後人仍不斷贊助捐獻，規模不斷擴大，義田也成了義莊。范氏義莊延續了八百多年，在清朝宣統年間，義莊依然有田五千三百畝，到民國時期仍然繼續存在，直到社會及土地制度出現大變革之後才消失。

范氏義莊可以說是中國歷史上維持時間最長久的非營利事業組織。從現代的眼光來看，是什麼樣的企業，屢經戰亂及朝代更替，仍能迄立八百多年呢？其中至少有兩件事值得一提。一是范仲淹的義行及宗旨，能得到後代族人的認同，而形成一種典範，為後繼者所效法。二是完備且合於人性的經營管理制度，足以興利除弊，使得田莊的經營，始終能在當初設定的方向上前進，維持初心，不變質，不走調，此或可供現代企業管理的參考案例。

范仲淹在他的名著《岳陽樓記》中有幾句話可以說是他的座右銘，也是他一生的寫照。他說：「不以物喜，不以己悲。居廟堂之高則憂其民，處江湖之遠則憂其君。」內心的悲與喜，不受外在環境的影響，也不會因為自己的私利而患得患失。處於權力中心，為君王分憂，但也不忘民眾的生活。在地方為官，照顧百姓，但仍關然心國政大事。這就是范仲淹的自我要求。用古代的話來說，就是「盡己之心」，用現代的話來說，就是「責任」二字，以天下為己任。

❖王陽明

第二位上場的人物是明朝的王守仁，也就是王陽明。王守仁是他的本名，陽明是他的號，因為他的號太有名了，在此還是稱他為王陽明。

王陽明是明孝宗時的進士，主要活動在明武宗，也就是正德皇帝，以及嘉靖皇帝早期。明孝宗時，朝政為宦官劉瑾所把持。劉瑾陷害忠良，當時王陽明是兵部主事，為此打抱不平，上疏營救，因此觸怒了劉瑾。於是編派了一個罪名，罰「廷杖四十」，就是在朝庭上打四十大板，皮開肉綻。隨後關入大牢，又發配到貴州龍場當驛丞。當時的貴州山高水遠，是蠻荒荊棘之地，驛丞就是運輸站的站長，是不入流的小吏。不但如此，劉瑾還派人一路追殺，要置王陽明於死地。王陽明在江邊留下衣服遺書，假裝跳水自盡，才躲過此劫。

王陽明在貴州龍場的環境十分艱苦，衣食困難，一度住在洞穴中。並把這洞命名為陽明洞，自號陽明子，從此人稱陽明先生。在此極度艱困的環境下，也就沒有榮辱得失的問題，一切全仗著精神力量支撐。王陽明就在百死千難之中，想通了一些道理，可總括為「知行合一」四字，並以此四字在貴州講學，教化當地學子。「知」就是知善惡，就是良心的顯現。「知行合一」就是要求實踐，強調能知便能行。若知而不行，就不能算是真的知。例如我讀《論語》「吾日三省吾身」，覺得它講得很好很對，甚至可以解釋給別人聽，可是我並沒有經常反省自己。那我其實並不是真正的贊同這句話，真正了解這句話的意思。

王陽明在龍場待了三年多，直到劉瑾垮臺被誅殺，他的苦難終於被平反，回到中原。明武宗正德十四年，寧王朱宸濠在江西首府南昌發動的叛亂，集結十萬兵馬。寧王造反時，江西重要官員多被俘虜或遇害，當時王陽明也在江西任官，但正好被派往福建剿匪平亂。聽到消息，立刻返回江西，號召官民，徵調兵糧，積極備戰，聲討寧王。僅僅以地方的兵力、巧妙運用兵法。先虛張聲勢，使敵軍猶豫。又以退為進，誘敵軍深入，終而在鄱陽湖潰敗叛軍，生擒朱宸濠父子。前後僅費時三十五天，就平定了一驚天動地的亂局。當時的正德皇帝為了彰顯自己的英勇，自己封自己為「奉天征討威武大將軍鎮國公」，率軍御駕親征。不料大軍還沒到，戰亂已經被王陽明平定了。正德皇帝仍執意繼續南征，甚至有意將朱宸濠放回，再讓皇帝生擒，以示威武。不但君王如此，下面的內侍宦官，也為此爭功諉過，種種醜態，就更不堪聞問了。

王陽明的「知行合一」，後來更進一步扼要為「致良知」三字。「良知」二字出自《孟子》，但王陽明又有進一步的闡發。他主張「良知即天理」，並且以心為本體，外在的萬事萬物以及其中之事理，都是心的作用。所謂「心外無物」，「心外無理」，「心即理」。這些概念不妨用王陽明自己的話來說。有一次，王陽明和朋友一起遊山。朋友指著山石中的花，問王陽明：「你說天下無心外之物，那這花在山中自開自落，和我的心有什麼關係？」王陽明回答：「你未看此花時，此花與汝心同歸於寂。你來看此花時，則此花顏色一時明白起來。便知此花不在你的心外。」這也呼應了南宋陸九淵的名言：「宇宙便是吾心，吾心即是宇宙。」一個人所感受的一切外在環境，其實都是內心所造就。這真是把孟子的「求則得之，舍則失之。」說到極致了。

「致良知」就是致力於良知，仔細體查內心的天理良知。讓萬事萬物乃至整個宇宙，都自內心的良知中展開。王陽明晚年有四句教：「無善無惡心之體。有善有惡意之動。知善知惡是良知。為善去惡是格物。」那個能創造宇宙的心體本身，是無善無惡的。但心念一動就會有善惡之分。是善念或是惡念呢？良知會如實的告訴我，沒有半點欺瞞。而我，必須正向的對待一切事物，是善的，就去做，是惡的，就不要做。這就是王陽明致良知教，單純而有力。人間的事，千頭萬緒，如此複雜，但其實只有一件事，就是將外在事物收攝到自己心中，並對自己的良知負責。王陽明將儒家思想帶到一個新的境界，對後世產生極大的影響，不只在中國，也在日本。

王陽明雖有大功，但在朝庭中卻屢遭排擠，常派外地征剿叛匪。五十七歲時病逝於客舟中。臨終前弟子問有何遺言，他只說：「此心光明，亦復何言。」這也可以說是王陽明一生的寫照了。

❖曾國藩

第三位出場的人物是清朝的曾國藩。曾國藩家中世代耕讀，在道光年間中了進士。本來宦途順暢，十年間已是朝中二品大員，官拜兵部侍郎。後因母喪丁憂，回湖南老家守喪。不料發生太平天國之亂，在短短三年間，攻陷南京，牽動十八省，幾乎打到北京。在家服喪的曾國藩，接到朝廷任命，為幫辦團練大臣。在湖南督辦團練，以保衛家園，維持地方秩序。當時清廷的正規軍——八旗及綠營，已經沒有什麼戰鬥力了，但也不放心讓地方的武力擴張。所以團練的兵勇是不能跨境的，軍費也需地方自行籌措。在艱困的環境下，曾國藩只有靠個人的名望，凝聚人才士氣，建立湘軍。

結果湘軍與太平軍的第一場戰爭就吃了個大敗仗，曾國藩走投無路，投水自盡，被下屬救起。在大敗之後，內心愧對鄉親父老，又需面對排山倒海的冷嘲熱諷，責難攻擊。所幸能「好漢打脫牙和血吞」，從忍耐中徐圖自強，終於打了幾場漂亮的勝仗，隨後又破例出湖南境，光復湖北武昌，使湘軍得以轉戰江南各省，終而攻破金陵城，滅了太平天國，成為清廷中興第一名臣。曾國藩在剿滅太平天國之後，為避免清廷猜忌，自請解散湘軍。但他所培養出來的大量人才，仍深深影響其後的政局，包括了同治中興及洋務運動的展開等等。

清同治九年，曾國藩任直隸總督時，天津發生多起事件。有兒童失蹤，又有一些小孩的屍體被野狗從地中扒出咬壞，身體不全，缺少一些器官。民間便謠傳外國修女以育嬰堂為幌子，誘殺幼童，並挖眼剖心，把幼童的內臟器官作為藥材之用。於是民情激憤，士紳集會，書院停課，群起反對洋人，火燒教堂。暴民又以兇殘的手法，殺法國教士、修女，及領事館人員，並殺外國僑民數十人。結果法國、英國、美國、比利時、俄國、普魯士、西班牙七國公使，以法國為首，向總理衙門強烈抗議，並發出最後通牒，要求懲辦肇事者，賠償損失。各國軍艦也結集天津一帶。

當時離英法聯軍攻佔北京火燒圓明園也才不過十年，慈禧太后對當年倉皇出逃的記憶猶新。立派曾國藩來調查，並與法國方面交涉。當時朝廷中的官員多數主張不要對洋人退讓，不惜一戰，情勢十分緊張。曾國藩調查後，確認育嬰堂並無誘拐傷害孩童之事，西方也沒有挖眼剖心入藥的習俗。於是將騷亂責任歸咎於民眾的無知，以及國人與洋人之間的誤解。並審時度勢，不願輕啟戰端。先對英國、美國、俄國作出賠償，最後再單獨與法國交涉，委曲全求。法國也因為普法戰爭的關係，匆匆結束此案。不料朝野清議對此大感憤慨，認為應利用此愛國情緒反擊洋人，紛紛上書指責曾國藩對外妥協，對內鎮壓，是漢奸、是賣國賊。曾國藩也因為此案懲處兩名無過的官員而自責，說自己「外慚清議，內疚神明。」不久後就病逝了。

平心而論，一個沙場爭戰多年的大帥，會因為懼怕戰爭而賣國嗎？一個開創洋務，主張以夷制夷的領袖人物，會甘願受洋人欺侮嗎？難道曾國藩不知道手握重兵一呼百諾的威風嗎？然而他為什麼甘願受此指責與辱罵而求和？當然是他審度形勢，權橫輕重，不得不有此忍辱為國之舉。可惜清廷始終未能認清時勢，也無意自強革新，以至於三十年後舊事重演，義和團召引來八國聯軍，這不就是天津教案的翻版嗎？不幸的是老成謀國之士已死。結果是鉅額賠款，並被迫接受各種不平等條約，這才是真正的喪權辱國。

曾國藩生平，除了軍功之外，也流傳下來有大量的日記及家書。日記及家書，與奏摺、文稿、訓令、公文書信等相比，更具私密性，更能代表一個人內心真實的情感與想法。以下略舉他的日記片段：「睡後，細思余德薄能鮮，忝竊高位，又竊虛名，已於造物之忌，而家中老少習於驕、奢、佚三字，實深驚懼。」此記於南京破城前三年；「近年焦慮過多，無一日游於坦蕩之天，總由於名心太切，俗見太重。」此條記於死前一年。曾國藩日記大體如此，記來記去只是兩個字「反省」，而且是極嚴厲的自我反省，其它不過是見何人，做何事之類。但絕少議論他人。

曾國藩的家書，除了敬請父母安好之外，多訓示子姪家人要勤儉勞動，十足儒者耕讀傳家的本色，毫無做作。例如咸豐八年致諸弟：「家中養魚、養菜、種竹、種蔬四事，皆不可忽。」同年，再致諸弟：「後輩諸兒須走路，不可坐轎騎馬。諸女莫太懶，宜學燒茶煮菜。」此時曾國藩已經是節制江南四省，統兵三十萬的大元帥，但家書中念念不忘的仍是告誡要養猪種菜，要勤儉。至於讀書明理之類的諄諄訓示，那就更不用說了。曾國藩治家之嚴謹，絕對不只是說說而已。他家族的聲望百年不墜，也是有原因的。

❖典型在夙昔

讀論語，做自己。古往今來，讀過論語的人何止億萬？這裡為什麼挑這三位儒者為典範呢？有幾個原因。第一，他們都是進士出身，都是熟讀論語，熟讀儒家經典而且付諸實現的儒者。第二，他們都是真誠的做自己，做自己認為是對的事。為了能真誠的做自己，不欺騙自己，不惜犯顏進諫，得罪權貴，不惜遭人毀謗，忍辱負重，乃至以命相博。第三，他們都是坦蕩蕩的君子。注重修身，心懷仁義，行事無愧於心。范沖淹不以物喜，不以己悲；王陽明致良知；曾國藩勤寫日記反省。都是修身的典範，也都是當時讀書人的榜樣。第四，他們都知天命，知道自己的人生使命，有強烈的使命感，責任感。在國家需要他的時候，能不畏艱難，挺身而出。第五，他們都是儒將，雖是書生卻能帶兵，而且能成就大的功業。這一方面要有堅定的中心思想，所以能區分本末，把握住大是大非。另一方面，更重要的，在手段方面，能靈活運用，解決問題。所以范仲淹改革吏治，寧願一家哭，不願一路哭。王陽明用兵，隨機應變，詭詐百出。曾國藩平亂，以殺止殺，快刀斬亂麻。他們都是能解決問題的人，這點尤其重要。

讀論語，做自己，做君子，這都是儒家的基本工夫，做到了就有益於立身處世，但並不足以解決問題。要能真正的保家衛國，造福鄉里，成就事業，那仍須要知天命，要有手段。然而這幾點都是相關連的。先要能真誠的做自己，做君子，才能從儒家的立場去領悟天命。也必須先要能真誠的做自己，做君子，才能為別人所信賴，所信服，才能成為他人的表率，所提出的政策或方法才能為被他人所接受，並且願意追隨。《論語》說：「為政以德」，「修己以安人」；《孟子》說：「修身以俟之」，這絕對不是說說而已，而是儒家處理問題的根本。讀論語，做自己，做君子，不僅只是修身養性，獨善其身，而且是領導眾人，解決問題的最根本。「君子務本」，盡在於斯。

讀論語做自己

看

第二十講

聽

第二十講

讀論語做自己：邁向幸福人生20講

作　者—曹行
主　編—林正文
行銷企劃—鄭家謙
封面設計—林采薇
美術編輯—SHRTING WU

董事長—趙政岷
出版者—時報文化出版企業股份有限公司
108019臺北市和平西路三段二四〇號七樓
發行專線—（〇二）二三〇六—六八四二
讀者服務專線—〇八〇〇—二三一—七〇五
（〇二）二三〇四—七一〇三
讀者服務傳真—（〇二）二三〇四—六八五八
郵撥—一九三四四七二四時報文化出版公司
信箱—一〇八九九　台北華江橋郵局第九九信箱
時報悅讀網—http://www.readingtimes.com.tw
法律顧問—理律法律事務所　陳長文律師、李念祖律師
印　刷—紘億印刷有限公司
一版一刷—二〇二三年三月二十四日
定　價—新臺幣三八〇元
（缺頁或破損的書，請寄回更換）

時報文化出版公司成立於一九七五年，
並於一九九九年股票上櫃公開發行，於二〇〇八年脫離中時集團非屬旺中，
以「尊重智慧與創意的文化事業」為信念。

讀論語做自己：定義幸福人生20講/曹行撰文. -- 一版. -- 臺北市：時報文化出版企業股份有限公司, 2023.03
面；　公分
ISBN 978-626-353-606-7(平裝)

1.CST: 論語 2.CST: 人生哲學

121.227　　112002985

ISBN 978-626-353-606-7
Printed in Taiwan